この世の中を動かす暗黙のルール

人づきあいが苦手な人のための物語

岡田尊司

日本図書センター

この世の中を動かす暗黙のルール

目次

一章

職探しをあきらめた若者、病院に運ばれる

無愛想な灰色の建物から、地味なジャンパーの若者が、せっかちな足取りで出てきた。若者は門の前まで来て立ち止まり、恨めしそうに後ろを振り返った。玄関の前まで、順番待ちの人が、いまも溢《あふ》れている。若者は溜《た》め息をつくと、ポケットに手を突っ込み、背を丸めて前の通りを歩きだした。

十二月も半ばとあって、駅前の店やショッピングモールの入口には、クリスマスの飾り付けが施されていたが、不景気風の吹く裏通りには人通りもまばらで、シャッターを下ろした店が目立った。中の熱気に当てられて赤らんでいた頬《ほお》も、外気に触れて冷まされていく。

若者の胸には、怒りとも悲しさともつかない、やり場のない思いがみなぎっていた。自分がこんな目に遭っていることの理不尽さと情けなさで、生きていることに嫌気がさした。失業者の群れに混じって、仕事をくださいとぺこぺこ頭を下げ、半日費やした挙げ句、

結局、応募しようと思った会社に、面接にも至らず断られた。中年の担当者は、目当ての会社に電話をかけてくれたのだが、「そうですか……」と相づちを打った声が曇ったと思うと、眼差《まなざ》しが下に泳いだような気がした。案の定、受話器を置くと、担当者は言いづらそうに言った。

「どうやら先方さんは、中堅の即戦力になる人がほしいみたいでね。それでもよければ、面接に来てくれたらいいって言っているんだけど。行ってみますか？」

「でも、求人票には、そんなこと何一つ書いてなかったんですよ」

担当者はうんざりしたように顔を顰《しか》めた。

「法律が変わって、年齢制限とか書けなくなったからね。表向きと本音とは違っているんだよ。しかも、いくらでも人が来るご時世ときているから」

あのときのやり取りを思い出すと、まだ腹が立つ。雇用対策法などといったって、結局、表向きの話ではないか。それなら、はっきりどういう人材がほしいと言ってくれたほうがわかりやすい。無駄な労力と期待に振り回される者の身にもなってくれよ。それに、いくらでも人が来るご時世という言い方も癪《しやく》に障る。わざわざあんたなんか雇わなくてもいいんだと、会社側の言い分を、あの担当者が代弁して蔑《さげす》んでいるみたいだ。

担当者が、用が済んだように時計にチラリと目を向けた瞬間、相談に乗ってもらう気もなくなり、席を蹴って出てきたのだ。

　おれにも人間としてのプライドがある。これでも、学生時代は成績優秀だった。最初に勤めた会社は、世間でも名の通った上場企業だった。そこを一年足らずで辞めてしまったのが、いまとなっては転落の始まりだったのかもしれないが。それというのも、自分勝手な上司のせいだ。いま思い出しても、むかついてくる。やることなすことケチをつけたうえに、人をバカ呼ばわりしやがって。それを見て、他の連中まで自分をまともに相手にしなくなった。あんなところには、いられなかった。一年でも、よく我慢したほうだ。

　昔のことを思い出していると、またイライラしてきた。いっそのこと、おれをバカにした連中を皆殺しにして、死刑になってやろうかと空想する。そんな大それたことは、この自分にできっこないのはわかっているが、このままくたばるのは男として癪だった。


　どうやって皆殺しにするかを考えながら、ポケットに手を突っ込み、商店街らしき通りをしばらく歩いていたが、財布の中身のことを思い出して、それが実行不可能であることに思い至った。所持金は、二日前から千円を割っている。昔勤めていた会社まで行く電車賃もない。偃月刀《えんげつ》とか青竜刀のような、気の利いた凶器を買うこともできない。まず凶器の刃物を盗んで調達しなければならないし、会社まで空《す》きっ腹を抱えて、歩いていかねばならない。多分、四、五時間はかかるだろう。

若者はやる気をなくし、考えるのをやめた。すると、今度は空腹が気になってきた。一昨日から腹に入ったものといえば、カップ麺一杯なのだから無理はない。

アパートに帰っても、食い物はない。大家に顔を合わすのもイヤだ。家賃を五カ月分滞納して、二カ月前から追い立てを食らっているのだ。預金はとっくに底をついた。ポケットから財布を取り出す。確かめてみると、やはり五百円硬貨が一枚きりだ。面接することになれば、電車賃にと取っておいたものだ。もうそれも必要ない。若者は財布をしまい直しながら、何に使うべきか考えた。

体が冷えきっていた。食べていないので余計だ。温かいものが食べたいと思った。近くの赤い暖簾《のれん》が目に留まった。吸い寄せられるように店のガラス戸を開けた。昼飯時をとうに過ぎているというのに、中は混雑していた。まず値段表を確かめる。ラーメンは、ちょうど五百円だった。若者は、カウンターに空いている席を一つ見つけ、腰を下ろした。

運ばれてきた水を口に含んでいると、テーブルに肘《ひじ》をついた隣の男が、話しかけてきた。

「おたく、もしかして、仕事探し？」

放っておいてほしかった。失業中の身の上話など、見知らぬ他人と交わしたくない。

「いえ、違います」

「そう。そこのハローワークで、見かけた気がしたんだけど」

ウソがばれて、気まずい空気が漂う。

「まあ、いいや。しけた話なんか、したくないよな。でも、兄ちゃんはまだ若いからチャンスがあるよ」

余計なお世話だった。若者はかかわりたくなかったので、黙っていた。

ラーメンが運ばれてきた。割り箸を取って二つに割り、胡椒《こしょう》を控えめに振りかけた。久しぶりの食事らしい食事だった。湯気の立ちのぼるラーメンを前に生唾《なまつば》が湧《わ》き、箸をつけようとすると、また隣の男が口を挟んだ。

「兄ちゃん。いくら腹を空かしていたって、食べる前に手くらい合わしなよ」

自分が金を払うものに、とやかく言われる筋合いはないと思ったが、さからうとややこしそうだったので、若者は形ばかりに手を合わせてから、麺をすすり始めた。それにしても、さっきから、こちらの境遇を見透かしたような態度が気になった。失業者を食い物にするという手配師か何かかもしれない。

若者は丸椅子に載った体を少しひねると、隣の男のほうに、こころもち背中を向けた。いまはラーメンにだけ気持ちを集中させたかった。これが最後の食事かもしれないのだ。ゆっくり噛《か》みしめて味わいたかった。

食べながら、これまでの人生が、この一杯のラーメンに凝縮されているような気がした。食べ始めたときは、大きな碗《わん》に麺はたっぷりと盛られ、具も盛りだくさんだ。山盛りの期待と可能性が、当分続くような錯覚に囚《とら》われる。だが、食べることに夢中になっているうちに、気がついたら、いつしか残りわずかになっている。あんなにあったはずなのに、いくら箸でかいても、申し訳程度の麺しかひっかからなくなってしまう。残りの可能性も尽きようとしている。人生も同じに思えた。

若者は箸を握りしめたまま、しばらく空っぽになった器を見つめていた。

「兄ちゃん、大丈夫か。あんまり思い詰めるなよ」

「おれのことは、ほっといてください」

若者はついいらだった声を上げると、跳ねるように席を立った。パチンと音を立てて、五百円硬貨を置き、逃げ出すように外に出た。

鬱陶《うっとう》しいおっさんだ。最後の食事だというのに、余韻を味わう間もなかった。だが、慌てて飛び出したものの、どこに行く当てもない。寒空の下、うろうろするくらいなら、もう少しラーメン屋で粘っておけばよかったと思ったが、後の祭りだった。おれは、いつもこうだ。そのときの感情で行動して、後悔ばかり。

通りには軽やかなクリスマス・ソングが流れていた。カップルが、手をつないですれ違っていく。金も仕事も恋人もなく、住む家さえ失いかけている自分がみじめに思えた。それでも、生きることに齧《かじ》りついていなければならないのか。

若者は、自分のこれまでの人生を振り返り、失敗の連続だったと思った。この先も、どうせろくなことはないだろう。持ち金も尽きたいま、いずれ路頭に迷って飢え死にするか、肺炎にでもなって命を落とすのは時間の問題に思えた。そんな目に遭うだけなら、ひと思いに死んだほうがよいのではないのか。それは、いま思いついたことというよりも、この一月ほど、頭の片隅にずっとあった考えだ。最初のうちは、馬鹿馬鹿しい、そんなことできるわけがないと一蹴《いっしゅう》していたが、そのうち次第に身近なものとなり、心地よい誘惑のように思えてくるのだった。この何日か、有り金が尽きるまでに仕事が見つからなければ、ひと思いに死のうという考えが、頭に張りつくようになっていた。

きょう死のう。不意に若者は結論づけた。そう決めると、少し気が軽くなった。もう就職のことで思い煩ったり、家賃を払えないことで、ビクビクしたりする必要もないのだ。死ぬことは、すべての責任を放棄することだった。解放されることだった。

腹が空いてから死ぬのはイヤだったので、まだ腹が満たされているうちに、この世とおさらばしたいと考えた。となると、あまりのんびりもできない。それまでに死ぬ方法を決めて、それを実行できる場所を探さないといけない。

若者が選んだ方法は、首を吊《つ》ることだった。大家への仕返しに、アパートでやってやろうかとも思ったが、何日も発見されずに、腐乱死体になっている姿を想像すると、二の足を踏む。翌日には、発見されるところがいい。たとえば、公園の林とか。明日の朝、散歩やジョギングにやってきた人が見つけてくれるだろう。

公園があった。かなり大きくて、奥のほうには、木々が生い茂っている。ここなら人目につかずに、ぶら下がれる場所が見つかりそうだった。適当な樹木を探して、若者は中をさまよった。一本一本木立を見上げながら、若者は物の役に立つかどうか吟味した。こういう目で、枝ぶりを眺めるのは初めての経験だ。高すぎず低すぎず、細すぎず太すぎず。しかも、横に枝が張っていないといけない。それに、あまり人目につかない場所でないといけない。こうして点検してみると、ちょうどよい木というのは、なかなかないものだ。

十五分ほど、さまよった後、若者は、これなら、という一本を見つけた。クスノキだった。小学校の庭にも、似たようなクスノキがあって、よく登って遊んだことを思い出す。その枝で、最期を迎えさせてもらうのも、何かの因果に思えた。前に突っ立ったまま幹を見上げると、恐ろしいというよりも心細い気がして、悲しくなった。故郷の両親のことが頭をかすめ、遺体を引き取りに来て、どういう反応をするだろうかと考えた。最後まで面倒をかけてと、ぶつくさ文句を言っている姿が思い浮かんだ。自分が哀れに思えて、若者は涙ぐみそうになった。

悲しい気持ちで死ぬのはイヤだった。そんな考えを頭から追い払うと、若者はできるだけ機械的に、首を吊る準備に取りかかった。若者は、ズボンからベルトを抜き取ると、背丈より五十センチほど高いところに張り出している枝に、なるたけ枝や木肌を傷めないようにひっかけた。それから、輪っかを作り、バックルを固定した。準備万端とととのったところで、周囲を見渡した。

すると、一人の小さな男の子が、こちらを見ているのに気がついた。まだ、小学校に上がるか上がらないかくらいの年恰好《としかっこう》だ。若者がしていることを、じっと見ていたらしい。ぎょっとしたが、若者は思い直して、何気ないふりをした。年端《としは》のいかない子には、多分、何をしているのか、その意味はわからないに違いない。若者はベルトにつかまると、腕の運動をしているかのように、それらしく懸垂を始めた。好奇心を満たしたら、どこかへ行ってくれるだろう。

だが、意に反して、男の子はこちらに近寄ってくる。すぐ足下までやってくると言った。

「おじさん、何してるの？」

おじさんと呼ばれたことに、若者は少しムッとしながら、散髪にも行けず、髪がむさ苦しく伸びていることに思い当たった。

「見たらわかるだろう。腕を鍛えてるんだ」

「フーン」と子どもは、あまり信用していない様子で、若者を見上げている。

「足が当たると危ないから、坊やは向こうに行って遊びなさい」

若者は足を持ち上げ、わざとらしく振り回す仕草をした。

男の子は、若者の体の動きを不思議そうに見つめていたが、そのうち飽きたのか、立ち去った。

若者は体を動かすのをやめると、溜め息をついた。またもどってきたりしないか、しばらく気配をうかがっていたが、どうやら大丈夫なようだ。手っ取り早く済ませたいと思った。もう一度周囲に人気《ひとけ》がないことを見定めると、ベルトを両手でつかみ、ぐいと体を引き上げた。腕が疲れていたせいか、しばらく仕事をしていなかったせいか、顔をベルトの輪っかまで引き上げるのが一苦労だった。それに、枝にかかった輪っかは、頭を通すのにぎりぎりの大きさしかなく、すんなりとは入らない。やっとこさ、顎《あご》の先を輪にひっかけることができた。と思うと、ベルトが首の根もとに食い込んできた。気持ちの準備をする間もなく、息が苦しくなった。バックルの金具が喉仏《のどぼとけ》に当たって、ひどく痛い。ちょっと待てよ。若者はもう一度やり直そうと思い、首を外そうとしたが、枝とベルトの間に挟まった首を抜くことができなかった。

耳鳴りがして、頭全体が心臓になったように脈打った。鼻から火薬のような匂いがして、目が飛び出しそうにふくれあがり、血走っていくのを感じた。のたうち回れば回るほど、ベルトは首に食い込んできた。

真っ白になった目の前がやがて、暗い陰に覆われ始めた。消えかかる意識の中、これで死ぬのだと、若者は思った。体から力が抜け、腕が横に垂れ下がった。


男の子はブランコで遊んでいたが、急に身を躍らせると、地面に降り立った。家に帰ろうとしかけて、足を止めた。林のほうで、枝が揺れるような音がしていた。おじさんが、まだ木にぶら下がって、腕を鍛えているのだろうか。何となく気になって、林のほうに近づいてみた。さきほどの木立が見えるところまで来たとき、男の子は驚愕《きょうがく》した。おじさんが、首から宙吊りになって、もがいているではないか。しばらく固まっていたが、男の子は駆けだした。


若者は気がつくと、どこかに横たわっていた。

「目が覚めましたか?」という声に、視線を動かすと、ナースキャップをつけた看護師らしい女性が、若者の顔を覗《のぞ》き込んでいた。

若者は周囲を見渡した。無機質なのっぺりとした天井と壁に覆われた部屋だった。起き上がろうとして、手足が『ガリバー旅行記』のガリバーのように固定されているのに気がついた。

「安藤さん、起き上がったら、ダメです！」

看護師の制止に従ったというよりも、自分の名前を呼ばれたことに我に返って、若者は体を横たえなおした。若者は、その名前が嫌いだった。

看護師がすかさず説明した。

「お名前は、所持されていた免許証からわかったそうよ」

「ここは？」

「精神科の病院です。あなたは自殺しようとして、ここに入院になったんです」

「精神病院？」

若者はもう一度跳ね起きそうになったが、体を縛り付けた分厚い帯に引きもどされた。

「覚えていないの？　あなたは公園の林で首を吊ろうとしているところを発見されて、ここに連れてこられたのよ」

「誰もそんなこと頼んでないのに」

「死のうとしている人を放っておけないわ。それに、間一髪だったそうよ。一分でも発見が遅れていたら、脳死になるところだったのよ」

「退院する」

「何言ってるの。安藤さんは緊急措置入院で、ここにいるの。医師の許可がない限り、退院できないわ」

「キンキューソチニューイン……。でも、入院費を払う金なんて、おれには、ないからな」

「心配ないわ。強制入院だから、入院費は公費から支払われる。それより、死のうなんて考えないで、早く元気になってちょうだい」

そう言うと、さっと身を翻して、看護師は部屋から出て行った。

死に損ねた上に、精神病院に無理やり入院させられたということらしい。これでもう終わりと思ったら、まだまだ堕《お》ち続けていくというのか。誰も望んでいない人生。余計なことをしてくれたものだ。ただ、唯一の慰めは、入院費を払わなくていいということだった。ここにいる限り、食事代も部屋代も払わなくていいのだと思うと、変に気が安らいだ。

だがすぐに、若者はそんな自分にいらだった。強制入院になったんだぞ。精神病院に入院させられたんだぞ。それなのに、どうしてもっと怒りを感じないんだ。もっと抵抗しないんだ。若者は、気力を振り絞って体を起こすと、ベッドの後ろの柵に自分の頭をぶつけようと、体を波打たせた。

看護師が二人ほどとんできて、若者の腕に注射をした。若者の体から力が抜けて、また眠りに落ちた。


一週間後、若者は、ナースステーションにくっついたカプセルのような部屋から、一般の病室に移された。一部屋にベッドが四つ入れてあって、他に三人の住人がいた。

一人は無口な痩《や》せた男で、いつも壁のほうを向いて、独りごとを言っている。

もう一人は、いかつい顔をした揉《も》み上げの男で、ベッドの上であぐらをかき、腕組みしてすわっているが、ときどき指をポキポキ鳴らしている。隣の独りごとにイライラするのか、「独りごとばっかり言うな！」と怒鳴りつけ、威嚇《いかく》するようにベッドに拳骨《げんこつ》を食らわしてみせる。一瞬だけ、独りごとはやむが、またしばらくすると、ぶつぶつ話し声がし始める。

「黙れ！」とまた男が怒鳴った。

「まあまあ、そんなに怒りなさんな。病気なんじゃから、しょうがないじゃろ。彼は心の中でつぶやいているつもりで、声を出して喋《しゃべ》っているとは思ってないんじゃから」

揉み上げの男を制したのは、若者の隣のベッドにいる年寄りで、いかにももう長くここに居着いているらしい患者だ。周りの人間からは、なぜか「先生」と呼ばれている。表情も声も柔らかく、優しげだが、何とも言えない威厳がある。

「そんなこと言ったって、先生、四六時中こんなのを聞かされたら、こっちの頭のほうが、おかしくなっちまうよ」

「テレビがつけっぱなしになっていると思いなさい。そうすれば気にならないじゃろ」

「テレビなら、消すこともできるけど、このおっさんは……」と憎々しげに、痩せた男の背中を睨《にら》みつけてから、ベッドから下り、上履きをつっかけると、部屋から出て行った。

「口は悪いが、あれはあれで、なかなか優しい男でな」と、先生は誰に言うともなく言った。若者は、返事をすべきかどうか迷ったが、結局何も言えずに黙っていた。

だが、先生は、それを気にしたふうもなく、笑顔でこちらを見ると、親しげに話しかけてきた。

「ところで、お若いの、こちらの病院は初めてとお見受けしたが」

別段否定する理由もないので、若者はうなずいた。

「不躾《ぶしつけ》な質問じゃが、死のうとして生き残った感想は？」

どうしてそれがわかるのだろう。この老人には、人の心を読む不思議な力でも備わっているのだろうか。

若者の戸惑ったような顔に気づいて、先生は言った。

「わしにどうして、そんなことがわかるのか、解せないんじゃな。なに、自分で鏡を見てくれれば、わかることじゃ」

言われてみれば、この一週間、一度も鏡を見ていない。若者は不安になり、ベッドから下りると、部屋から出た。洗面所の場所はすぐにわかった。鏡の前に立って、若者は愕《がく》然《ぜん》とした。首にくっきりと、青黒い内出血の痕《あと》が、リボンでも巻いているように残っている。これでは、何をしてここに来たのか、一目瞭然《りようぜん》だ。そんなことも知らずに、この一週間暮らしていた自分が、恥ずかしくなった。

ベッドにもどると、先生はニコニコ笑いながら、若者を迎えた。

「どうじゃ。自分のことというのは、案外見えないもんじゃろう」

まったくその通りだった。

「で、どうじゃ。生き残った感想は？」

「べっつに」と若者は、いつものすねた調子で答えてから、少し後悔した。先生に素っ気なくするつもりはないのだが、つい癖でそうなってしまうのだ。

「まあ、こんな質問をするわしのほうが、意地が悪いの。答えとうなかったら、言わんでいい。それより、そろそろ飯の時間じゃ。よかったら、いっしょに行かんか」

先生に誘われるままに、若者は部屋を出た。広いスペースに、テーブルが並んでいる。食事時間を待ちきれない患者たちが、もうテーブルにつき始めている。

「ここが、デイルーム兼食堂じゃ。あそこの席が空いとるようじゃ」

先生と若者は、窓に近い席に、向かい合わせですわった。

「ここの生活は、食事が何よりも楽しみじゃからのう。何もせんでも、腹だけはきっちり空く。おぬし、食欲は？」

腹がグウッと鳴った。

からからと小気味のよい声を立てて、先生は笑った。

「生きとる証拠じゃ。あんたの体は、まだまだ生きたがっとるぞ」

言われてみれば、そうかもしれないと若者は思った。あんなに絶望して死のうとまでしたのに、いまは食事が待ち遠しい。生きている限り、腹は空くものらしい。

「あんたは、自分の体に背信行為を働こうとしたのじゃ。あんたの頭の中だけが、あんたではない。体のことも考えてやらねばのう」

死のうと決めたとき、体のことなど、考えもしなかった。死ぬということは、体から命を奪うということだ。おれの体は、まだ生きたがっているのか。あのとき、死にたいと思ったのは、おれの頭の勝手だったのか。

観音開きのドアが開いたと思うと、大きな台車にのせられて、食事が運ばれてきた。患者たちが、台車の前に列を作り始めた。名札の名前が読み上げられて、食事のトレイが手渡されていく。

トレイを受け取った者は、再びテーブルにつくと、黙々と食べ始めた。

若者の順番は最後のほうだった。先生は、まだ箸をつけずに若者を待っていた。

「すいません」と若者は小さい声で言うと、先生の前にすわった。

先生は手を合わせて、いただきますと言った。若者もそれに倣った。

「悲しいことじゃが、近頃では、食事の前に手を合わさん人間も多い。感謝よりも、不満にばかり目がいく。あんたが、そういう人間でのうてよかった」

若者の耳には、その言葉が皮肉のように響いた。いや、自分もまったくそうだったのだ。若者は黙って箸を動かし始めたが、頭の中では考え続けていた。いつから自分は、こんなふうに不満ばかりの人間になったのだろうかと。

翌朝、若者は早く目を覚ました。外はまだ暗かったが、もう眠れそうにない。若者はベッドから出て、病室の前のベンチに腰を下ろして、真っ暗な窓の外を見るともなく見ていた。すると、誰かが病室から出てきた。先生だった。

「眠れないのか？」

若者はうなずいた。

「隣にかけさせてもらって、よろしいかな」

若者はもう一度うなずいた。

二人はしばらく黙ってすわっていた。

「ひとつ聞いてもいいかな？」

先生の問いかけに、若者は「はぁ」と答えた。

先生は一呼吸置いてから、まっすぐな口調で言った。

「どうして、死のうとしたんじゃ？」

「べっつに」と、ぞんざいな返事を返してしまってから、若者はこの親切な年寄りに、そんな口を利いてしまったことを少し後悔した。

だが、先生はちっとも気にしていない様子で、若者をいたわるように言った。

「こんなジジイに、何を話しても無駄だと思うじゃろうが、こんなジジイでも、まだ耳だけはよう聞こえる。話せば気が楽になるということもある。ひとつ話してみんか？」

若者は黙り込んだまま、しばらく考えた。それから、ぽつりぽつりと答えた。

「仕事が見つからなくて、生きているのがイヤになった……。金がなくなって、家賃も何カ月もたまって、ホームレスになってまで生きたいとは思わなかった」

先生は何度もうなずきながら聞いていた。

「死ぬより他によい方法はなかったのか？」

若者は説教されたような気がして、いらだった声を出した。

「他にどうすればよかったんだ？　おれには、わからなかった。それに、考える気力もなくて……」

「誰かに相談したのか？」

若者は首をふった。

「そんな人いないし。それに、そんなこと、みっともなくて誰にも言えないよ。仕事も金もなくて、アパートから追い立てを食らってるなんて……。言ったところで、誰がどうしてくれるっていうんだ。みんな自分が生きることに精一杯だっていうのに」

先生は気の毒そうに若者を見た。

「死のうとして、ここにやってくる人間は、みんな同じことを言う。そんな恥ずかしいこと、誰にも言えないって。言っても、どうせ誰も助けてくれやしないって。でも、そうじゃろうか。おぬしは、どうしてここにおるんだ？」

「は？　どういう意味だ？」

「おぬしは、死ななかった。それは、誰かに助けられたということではないのか？」

若者ははっとした。それから、あのとき、自分のことを不思議そうに見ていた男の子がいたことを思い出した。誰も何も教えてくれなかったが、もしかしたら、あの男の子が気づいて……。だとしたら、男の子は、ひどく驚いたに違いない。首を吊って死のうとする大人を見てしまったのだから。

「人間、弱ったときは、自分のつらさしか見えなくなるものじゃ。激痛に襲われた人間が、痛みのことしか考えられなくなるのと同じじゃ。わしが言いたかったのは、困ったときは、助けを求めてもいいってことじゃ」

若者はまだ腑《ふ》に落ちなかった。

「おれには、自信がない。この先、同じ状況になったとき、助けを求められるか……。助けてくれと言うくらいなら、黙って死んだほうが気楽だと思ってしまう……」

「見ず知らずの他人に助けを求めるのは、誰だって気が引けるだろう。おぬし、友だちは？」

若者は首をふった。

「学校時代までは、顔を合わしたら話をするくらいの友だちはいたけど、腹をわって話せるようなやつはいなかった」

「腹をわって話そうとしたことは、あったのか?」

若者は口ごもった。友だちが遊びに誘ってくれたときも、断ることが多かったことを思い出した。

いいやと、もう一度首をふった。

「どうして?」

「話しても仕方がないと思っていた。どうせ、学校に行っている間だけの、仮の関係だと思っていたし」

若者は、自分には、もっと違う人生がある、いまの自分は本当の自分ではないと、いつもどこかで思っていたことを思い出した。

「本当の自分でない自分の人生に、あまりエネルギーを注いでも仕方がないような気持ちがあったのかもしれない」

「本当の自分でない自分の友だちは、やはり本当の友だちではないということか?」

「まあ、そういうことになるかな。どこか全部が仮の姿という気がしていた」

「本当の自分というのは、どんなやつなんじゃ?」

若者は、ふふっと口もとに笑いを浮かべた。

「もっとすごいやつだ。何もかもが。それに比べると、現実はみすぼらしすぎた」

「本当の自分は、見つかったのかな？」

若者は、首をふると肩を落とした。

「いまから思えば、現実と向き合いたくなくて、思い描いた空想の自分に逃げ場所を見つけていただけなのかもしれない」

「それは、なぜ？」

「現実の自分がイヤだった。もっと輝かしい自分でいたかった」

先生は、少し白み始めた窓のほうを見ていた。その横顔が、柔らかく微笑《ほほえ》んだ。

「いいんじゃ。それは、若い頃には、当たり前のことじゃ。現実の自分を否定するから、新しい成長も生まれる」

若者は怒っているわけではないが、少しいらだったように抗議した。

「気休めはやめてくれよ。ちっとも成長なんかしていない。首を吊ろうとしたときも、同じだった。みすぼらしい現実と向き合いたくなかっただけだ。そんなことをするくらいなら、すべてを放り出したほうが楽だと思ったんだ」

先生は優しい目で若者を見た。

「そうじゃな。おぬしはきっと一杯傷ついておったんじゃ。そういうときは、全部が自分をいじめているように思えるものじゃ」

いまだってそうだ、と若者は心の中でつぶやいた。

「でもな」と先生は言った。

「どんなひどいことにも、必ずよいところがあるものじゃ。よいところを見つけられるかどうかで、幸せにもなれば、不幸にもなる」

若者は怪訝《けげん》に思って聞き返した。

「おれが首を吊って死のうとしたことにも、よいところがあるというのか？」

「その行為自体はよいやり方とは言えんが、おぬしは助けを求めていたのかもしれん。けれど、助けてとは言えんかった。死のうとしたことで、結果的に助けられて、おぬしはここにやってきた。だとしたら、おぬしは、無意識に求めていたことを、死のうとしたことで実現したことになる」

「おれは、別に助けてほしくて、死のうとしたんじゃ……」

そう反論しながらも、心の別の部分では、図星かもしれないという思いがしていた。

「まあ、よい。ただ、おぬしも知っておくがよい。よいところを見る者はよくなり、悪いところを見る者は悪くなる。よくなりたかったら、よいところを見つける名人になることじゃ」

「よいところを見つける名人……」

若者の面食らった様子に、先生は笑いを浮かべていたが、その顔がもう一度まじめな表情になった。

「もう一つ教えてくれないかな」と先生が言った。

若者は身構えるように先生を凝視した。

「まだ言いにくいことが残っているという顔じゃな。でも、恐れることはない。おぬしは、いま、自分自身に向かい合っておるのじゃ」

「質問って、何だ」若者のほうから催促するように訊《たず》ねた。

先生は、手応えを感じたようにうなずくと、口を開いた。

「おぬし、家族は？　肉親はいないのか？」

「いや、両親と弟がいる」

「なぜ、親に助けを求めなかったのじゃ？」

若者は、どう説明していいか難しい問題だというように、一つ溜め息をつくと宙を見た。

「求めても、どうせ何もしてくれない。現に、今回の入院にしたって、病院のケースワーカーが連絡をとったらしいが、いまだに来ようともしない。おれのことは、もう見捨てているんだ。弟が、おれみたいにならないように、そっちのことで頭が一杯なんだ」

「おぬしは、そのことをどう思う？」

「仕方がないだろう。こんなダメな息子。おれが親だとしても、見捨てたくなる」

「本当にそうだろうか。ダメな子ほど、可愛いというではないか？」

「うちの親には、そういうのは通用しないんだ。うちの親は、優秀な子ほど可愛いんだ。おれは優秀じゃなくなったから、可愛くなくなった。それだけさ」

先生は組んだ手を顎の辺りに当てて、しばらく考え込んでいた。それからぽつりと言った。

「みすぼらしい現実と向かい合いたくない——。確かおぬし、そう言ったな。おぬしの親も同じだということか？」

若者ははっとした。自分が、あの親と同じ……。ずっと恨みに思い、誰よりも嫌っている、あの人たちと、おれが同じことをしている？　それは受け入れがたい考えだったが、湧き起こった感情は、怒りというよりも、肌が熱くなるような悔しさだった。

あの人たちが、しくじった息子のことを見捨ててしまったのも、おれが死のうとしたのも、見たくもない現実からは、そっぽを向いているだけなのか。言われてみれば、そっくり同じじゃないか。

「あんたの言う通りかもしれない……。あの人たちのようにだけは、なりたくないと思っていたのに……。結局、やってたことは、あの人たちと同じだったということか？」

「相手を否定するだけでは、自分を縛っている囚われを解くことはできないんじゃ。否定し、忌み嫌うことも、また囚われなんじゃ」

若者は目を開かれる思いで、先生を見た。

「おれは、あの人たちと、縁を切ったつもりでいたが、ちっとも自由になんかなっていなかったということか……。でも、どうしてなんだ。ああはなりたくないと思っていた親と、同じことをしてしまうのは、なぜなんだ？」

先生は、若者の性急さに、苦笑いを浮かべた。

「その答えは、またいつか話そう。いや、わしが答えを教えるというよりも、おぬし自身が気づくほうがよかろう」

答えをはぐらかされて、若者は失望の色を浮かべたが、その顔は、すぐさま、もっと遠くにある何かを求めようとする顔つきに変わった。若者は、先生の言葉を反芻《はんすう》するようにつぶやいた。

「おれ自身で気づく……」

そうだというように、先生はうなずいた。

「わしは、もうひと寝入りしようかな。おぬしも、少し休んだほうがいいぞ」

先生の後から、若者もベッドにもどった。布団の中で、先ほどの問いについてしばらく考えていたが、いつのまにか再び眠りに落ちていた。

精神病院での生活は、毎日、規則正しいリズムで、同じことが繰り返された。

変化といえば、週に三回の入浴と、週二回の診察、それから週一回の買い物外出の日があることだった。

診察をするのは、まだ若い三十過ぎの医者だった。気分は？　睡眠は？　食欲は？　便通は？　いつも同じことを聞かれた。まだ死にたくなることがありますか？　という質問も、必ず付け加えられた。

若者は「いいえ」と答えたが、医者は疑わしげに、患者の表情から真意を読み取ろうとするかのような眼差しを向けた。

「心理検査をしますから」と、カルテを書きながら医者は言った。それで、おれがまだ死ぬ気かどうかが、わかるとでもいうのか。

翌日、若者の病室に白衣姿の女性が現れた。まだ年の頃は、二十代の半ばくらい。きれいな髪を肩まで垂らし、理知的な顔立ちの美しい女性だ。若者は話を聞いてもらえるのかと期待した。だが、その口から出てくる言葉は、ひやっとするほど機械的で、決められた質問をテキパキ読み上げていくだけだった。何か話したいと思っていた若者は、そう思ったこと自体を後悔した。

若者が答えに詰まると、女性の無感情な視線が、こちらを観察するように見つめる。検査が終わった後で、若者は辱めを受けたような気持ちになった。彼女の側から見たら、自分はどんなふうに見えるのだろうか。カゴの中の醜い虫けらのようなものだろうか。

若者にとって一番の慰めは、先生と言葉を交わすことだった。頭のおかしい老人という先入観をすっかり拭《ぬぐ》えたわけではないが、話していると、そんなことも忘れてしまう。なぜか先生の言葉は、心になじんでくるのだ。

一つひとつの言葉に余韻があって、後でもう一度思い出して考えたりする。こんなふうに人と対話をするのは、生まれて初めての経験のように思う。言葉が、こんなふうに不思議な力をもっていることを味わうのも、初めての経験だった。

いままで、若者は言葉が嫌いだった。言葉は、うるさい。言葉は、傷つける。言葉は、ウソをつく。人類は言葉などもたねばよかったのにと、思うこともあった。

だが、先生との語り合いは違っていた。それは、気高く、思いやりがあって、力と希望をもたらす営みだった。実際、若者は、日ごとに自分が元気を取りもどしていくのを感じた。心の中から、いままで感じたことのないような、新鮮な意欲がわいてくるのを感じていた。

「おぬし、きょうは一段といい顔をしておるの」

その声に顔を向けると、いつのまにか隣に先生が立って、皺《しわ》の奥から笑いかけていた。

「そうですか？」と若者は反射的に答えていた。

「ほう。顔つきだけでなく、言葉つきまで違っておる。以前のおぬしなら、そんなことはないと、わしの言葉を否定しただろうに」

若者は、その通りだと思った。いいことを言われても、それを素直に受け取るということはしなかった。人は、みんな意地悪で、ウソつきだと思っていた。見せかけの言葉なんかに騙《だま》されるものかと、疑ってかかっていた。

「よいところを見つける名人になれって、あんたに言われたから……」

若者の照れくさそうな返事に、先生は満足そうだった。


診察よりも、検査よりも、もっと苦手な日があった。入浴の日だ。

入浴は、楽しみというよりも、辱めを受けるような苦痛だった。職員が見守る中、服を脱いで裸になって、湯船や洗い場に殺到するのだ。湯船に入る人数にも、洗い場の椅子の数にも限りがある。ぼやぼやしていると、あぶれてしまい、裸で突っ立って順番を待っていなければならなくなる。何とも惨めだった。

先の人がようやく洗い終わり、場所が空いたと思うと、自分と仲のいい者を手招きして、呼び寄せている。

待っていた若者は、後から来た者に先を越されそうになり、頭にきて声を上げた。

「先に待っていたんだけど」

いかつい顔が振り返ると、すごんだ声を出した。

「おれの席を誰に譲ろうと勝手だろう」

若者は臆《おく》しながらも、少し小声になって抗議した。

「……あんたの席じゃないだろう。みんなの席だろう」

「もっと大きな声で、もういっぺん言ってみろ、この死に損ないが！　今度はきっちりあの世に送ってやろうか」

冷ややかに笑った顔には、殺気がみなぎっていた。

「まあまあ、嘴《くちばし》の黄色い若者の言うことに、そんなに目くじら立てなくても、いいじゃろう」と割って入ったのは、先生だった。

男はまだ怒り心頭という様子だったが、ばつが悪そうに顔をゆがめた。

「先生に免じて、今回は大目に見てやるけど、今度から気をつけるんだな」

男は洗面器を抱えると、筋肉質の体を誇示するように、悠然と浴場から出て行った。

何事もなかったように、誰もが自分のことに集中している。

若者は先生の隣に腰を下ろすと、体を洗い始めたが、怒りと屈辱で体が震えていた。


その夜だった。若者が寝付けずに、ベンチにすわっていると、先生が来て横にすわった。

「昼間は助けてくれて、ありがとう」

若者は風呂場の一件の礼を言った。

「そんなことはいいんじゃ。それより、おぬし、なぜ、あの男があんなに怒ったか、わかるか？」

若者の心に、昼間の怒りと屈辱が蘇《よみがえ》ってきた。

「そんなこと、おれの知ったことじゃないよ。どうせ虫の居所でも悪かったんだろ？」

「違うな」

「どう違うんだ」

「おぬしは、暗黙のルールを無視したのじゃ」

「何だ、その暗黙のルールって」

「この世の中は、暗黙のルールによって動かされておる。その暗黙のルールを知っているかどうかで、些細《ささい》な違いが生まれ、それが積もり積もって大きくなり、人生の幸不幸が左右されてしまう。それが、わしがこの人生から学んだことじゃ」

この世の中を動かしている暗黙のルール……。若者は興味を覚えたが、まやかしじみているとも思った。この爺さんの妄想だろうか。

「だが、もうわしには、社会でやり直す時間は残されておらん。せめて、おぬしに、そのことを伝えたいんじゃ。おぬしに同じ失敗をしてほしくないからな」

その言葉には、妙に真情がこもっているようにも思えたが、それゆえなおのこと、若者は気持ちの悪いものを感じた。

「知りたいか？」

「べっつに……」

「そうか。知りたくないのなら仕方がないな」

先生は残念そうだったが、それ以上言わなかった。

若者はベッドにもどり、布団にくるまりながら、先生が言いかけてやめたことを考えていた。この世の中を動かしている暗黙のルール。そんなものが、本当にあるのか。いままで、あまり考えたこともなかったし、学校で教えてもらったこともない。だから、おれの人生は、失敗続きだったのか？

いや、妄想癖のある年寄りの戯言《ざれごと》に過ぎないようにも思える。第一、そんなルールを知っているのならば、なぜ、こんなところに、あの年になるまでいないといけないのだ。そんなルールが、役に立たないということの証《あか》しではないか。まじめに考えるだけ馬鹿げている。

若者は考えるのをやめると、眠りに落ちた。

それから二、三日して、若者がベッドの上で寝転がっていると、先生がやってきて、聞いた。

「おぬし、買い物外出には申し込んだか？」

「いや、どうせ金ないから」

「そう言わずに、行こうや。何も買えなくても、気分転換になるからな」

「いいよ」

「たまには外に出るのもいいものだぞ」

先生に誘われると、まんざらでもない気になる。若者は行くことにした。

買い物外出といっても、病院の外ではなく、敷地の中にある売店まで行くだけだ。それでも、病院の敷地がやたら広いので、十分外出になる。

売店は、中庭に面した一画にあって、中庭には、ハボタンの鉢植えと水の止まった噴水があった。買い物を終えた者は、近くのベンチに腰を下ろして、他の患者が終わるのを待っている。若者は、店内の品物を見るだけ目に毒なので、そこにすわって待っていた。噴水の脇の石の上で、トラ猫が日向《ひなた》ぼっこをしている。

若者はまぶしい光に目をしばたたかせた。自分が死のうが生きようが、外の世界は、何一つ変わらずに同じ営みを続けているようだ。

何も買えなかったが、若者は久しぶりに外気を吸って、晴れ晴れとした気分になった。

「どうじゃ、来てみてよかったじゃろ」

声に振り返ると、先生が横にすわろうとしていた。先生も何も買っていない。

「買わないの？」

「わしも金欠病でな。それに、ほしいものもないし」

先生の顔には笑みがあった。若者は、自分に気をつかって、何も買わなかったのではないかと思った。

不意に、若者の中で、少しずつ募っていた思いが溢れてきた。

「先生」若者は初めてその敬称を使った。

「何じゃ、改まって」

「お願いがある」

「金を貸してくれというのなら、無理じゃ。おぬしと同じで、素寒貧《すかんぴん》だからな」

「そんなんじゃない。おれに教えてほしいんだ。この間言っていた、この世の中を動かす暗黙のルールっていうのを」

先生は、しげしげと若者を見た。

「どういう心境の変化じゃ？　もうちょっと生きてみようという気になったか？」

「そこのところは、まだわからないけど……」と、若者は曖昧《あいまい》に言葉尻を濁した。

「ただ……、どうして、おれの人生は、こんなふうになったのか、知りたくなったんだ。もしかしたら、そのことに、先生の言う暗黙のルールというのが関係しているんじゃないかという気がして」

「知りたいだけか？」

「えっ？」

「ただ知りたいだけじゃ、教えるわけにはいかんな」

先生の毅然《きぜん》とした横顔に、若者は自分の甘さを見透かされたような気がした。

先生はふっと足下に視線を落とし、すくい上げるように若者を見た。

「自分の生き方を変えたいとは思わないか？」

「そんなこと……」

先生は続きを言葉にした。

「簡単にはできない、か？　そうじゃな、おぬしが変えたいと思わない限りはな」

若者は試されるのに抗《あらが》うように、また首をふった。

「変えられるものなら、そりゃ、変えたいさ。もっと違う生き方ができたらいいと思う。それに、あの親と同じことをするのも癪だし……」

先生は微笑みながら、うなずいた。

「おぬしが、本気でそう思っておるのなら、変えられるさ」

若者は、うつむき加減になった。

「でも、正直自信がないんだ。これまでだって、本気でやってきたよ。けれど、結局、うまくいかなかった。体に染みついたものは、どうにもならないんだ」

「そんな弱気じゃ、何を教えたところでムダじゃな」

先生は立ち上がりかけた。

「待ってくれよ」

若者はとっさに、先生の手をつかんでいた。

「もう一回、やってみるよ。だから、教えてくれよ。先生が言っていた暗黙のルールとい

うのを」

「本気じゃな？」

「ああ、もう一度生まれ変わった気で、やってみるよ」

先生はにっこり笑った。

「おぬしがそう言うのを、待っておったのじゃ」

そのとき、職員の声が大きく響いた。

「集まってください。病棟に帰ります」

先生は話を切ると言った。

「続きは、また今晩じゃな」

二人はベンチから腰を上げた。


夜が来るのが待ち遠しかった。ようやく日が暮れて、夕食を終え、病棟は、夜の団欒《だんらん》の時間を迎えていた。デイルームでは、テレビの前に人だかりができて、時代劇を楽しんでいる。

若者と先生は、部屋の端っこの窓際の席を占めた。ここだと、他の人に邪魔されることもあまりなく、落ち着ける。窓の外には、都会とは思えない闇が広がり、その向こうに街の灯が瞬いている。

「勘違いしたらいかんから、もう一度言っておくが、この暗黙のルールというのは、ただ頭で知っておいたらよいという単なる知識ではない。頭で知っておるだけでは、ちっとも役に立たんのじゃ。実践して初めて、本当に身を助ける知恵となるのじゃ」

実践して初めて、知恵となる……。知識ではなく、知恵。自分は、その違いを知らなかったと、若者は思った。

「どこまでやれるかわからないけど、やってみるよ」

先生は厳しい表情で、若者を見つめたまま、うなずいた。

「では、おぬしに、まず最初のルールを授けよう」

「最初の、ということは、ルールはいくつもあるのか？」

先生はうなずいた。

「だが、一度に教えるのは一つだけじゃ。その一つを体得したとき初めて、次のルールを授けることになる」

「わかった。で、最初に教えてくれる暗黙のルールというのは？」

「**人は関心を共有する者を、仲間だと認める**、ということじゃ」

若者は、その言葉を刻みつけようと、頭の中で何度か繰り返した。

「そのルールから、さまざまな変化形が導き出される。たとえば、**関心を共有しない者は、仲間から排除される。**逆に、**仲間と認められたければ、関心を共有しようとしなければならない**」

「でも、先生、人が何に関心をもとうが、そんなことは本来自由ではないのか。それは、憲法にも定められた個人の権利のはずだ」

先生は、おかしそうに口もとを緩めた。

「それは、人間がごく最近、定めたルールじゃな。それは、確かに立派なルールじゃし、わしもそうであれば、どんなにいいかと思うよ。しかし、現実の世の中は、そんなルールとは無関係に動いておるのじゃ」

若者は、呆気《あっけ》にとられると同時に、興味をひかれた。

「現実と食い違うことを、人々は定め、われわれは教えられてきたというのか？　どうしてそんなことになるんだ？」

「自由とか権利といったルールができたのは、精々、ここ二百年あまりのことじゃ。だが、人類は、何百万年もかけて培ってきた別のルールに従って暮らしてきたのじゃ。新しいルールを定めたからといって、そう簡単に、元々備わっているものが変わるものではない。表向きでは、新しいルールを尊重しているようなことを言っても、結局、その行動を支配しておるのは、長く染みついたルールなのじゃ」

「それが、暗黙のルールなのか？」

「そういうことじゃ。表向きのルールしか知らないと、つらい思いをすることになる」

若者は、自分の人生がうまくいかなかった理由が、やはりその辺にあったのではないかという気がしてきた。もっと話を聞きたいと思ったとき、先生が言った。

「後は、おぬしが現実の中で実践して、自分で体得することじゃ」

若者は、もう一度、教えられた最初の暗黙のルールを心の中で繰り返してみた。

人は関心を共有する者を、仲間だと認める。そこからは、**関心を共有しない者は、仲間から排除される、**ということや、**仲間と認められたければ、関心を共有しようとしなければならない、**ということが導かれてくる。

その言葉の意味を考えているうちに、若者は、昔の出来事を思い出していた。

若者は、いじめられっ子だった。よく仲間はずれにされたり、意地悪をされて、つらい思いをしたことがある。

自分は何もしていないのに、理不尽なことを仕掛けてくる存在に、いつもビクビクしていた。自分だけがどうして、こんな目に遭うのか、ずっとわからずにいた。だが、もしかしたら、それは暗黙のルールを知らずに行動していたからだろうか。そんなことは考えたこともなかったし、いじめてくるやつらが悪いとしか思ったことはなかったが。周囲と関心を共有していたかといえば、そういうことには、興味も熱意もなかった。自分では、何も悪いことはしていないつもりだったが、実は、暗黙のルールに背いていたのだろうか。

それから若者は、誰と接するときも、相手が何に関心をもっているのかに注意を払うようになった。すると、わかったことは、ぶつぶつ独りごとを言っている男も、見かけは恐ろしそうな強面《こわもて》のおじさんも、それぞれ大事にしているものがあって、それが関心になっているということだった。

独りごとの男は、どうやら他の星に住んでいるというもう一人の自分のことに関心をもっているようだった。もう一人の自分のことを話すときは、いつもは相手を見もしない男の目が、こちらを見つめて、楽しそうにキラキラと輝いた。

強面のおじさんは、意外にも、病気がちな母親のことが一番の心配らしかった。母親のことを話し出すと、顔をくしゃくしゃにして、大粒の涙を零《こぼ》した。まるで鬼が泣いているようだった。

「おれは、ガキの頃から、悪くてどうしようもなくて、お袋には世話ばかりかけちまった。だというのに、何もしてやれねぇ」

いかつい外見とは裏腹に、涙もろく優しい一面をもっていることに驚かされた。

驚かされたのは、それだけではない。若者が二人の関心事に、興味を寄せるようにしただけで、二人の態度がこれまでと、まるで違ってきたことだった。

ある日のこと、突然、目の前に拳が突き出されたので、若者は思わずのけぞりそうになった。見ると、独りごとの男が、握りしめた紙コップ入りのコーヒーを差し出しているのだった。ほとんど人づきあいをしていない、独りごとの男の親切を、若者はありがたく受け取った。

強面のおじさんも、以前とは打って変わって、何くれとなく世話を焼いてくれる。入浴のときに、すわる場所がなくて困っていると、隣の男を少し押しやってでも、スペースを作り、ここに来いと声を掛けてくれる。ありがた迷惑な面もあったが、若者は、素直に申し出を受けておくことにした。

「お母さんの具合は？」

と訊ねると、男はありがたそうに、この間電話したという話をした。

「この頃は、ちっとは具合がいいらしい。もう年寄りだから、あちこち悪くなるのは仕方がないや。あんたのところは？　親は元気なのか？」

不意の質問に、若者は戸惑った。

「ええ、まあ……」と、言葉を濁した。

「おれは、ずっと親のことを恨んでいた時期があってな。でも、いまとなっちゃ、もっと早く、親孝行しとけばよかったと思ってる」

男は誰に対して言ったのだろうか。もしかして、このおれに対して言ったのだろうか。

若者は、相づちを打ちながら聞いていたが、その心中は複雑だった。いまでも親のことを考えると、腹立たしい気持ちになる。だが、このおじさんの言葉は、素直な気持ちで聞けた。


その様子を傍らで見ていた先生が、後で話しかけてきた。

「どうじゃ？」

「おれのことを、仲間だと思ってくれたんだろうか。気味が悪いくらい、みんな親切になって」

「自分のことをわかってくれたと思っておるのじゃ。自分のことをわかってくれる人を、人は大切に思う」

「これまでは、自分の関心だけに注意を奪われて、相手の関心など考えたこともなかった。自分の関心に比べたら、相手の関心など、あまり重要でないと思っていたのかもしれない。

でも、実際、話してみると、みんな根は優しくて、いい人なんだね」

「そうじゃ。それに、みんな孤独なんじゃ。自分の関心を共有できる人を求めている」

単調な病院暮らしだったが、若者はちっとも退屈を感じなかった。若者は、学んでいたからだ。

若者は、先生に次のルールを教えてもらいたいと思ったが、先生はそのことについては、何も触れてこなかった。まだ、体得したとは言えないのだと思った。

若者は、最初のルールを、もっと実践することにした。すると、ますます驚くべき変化が起きた。多くの患者たちが、若者に好意と親しみを寄せるようになっただけでなく、そこで働いている職員まで、親しい口を利いてくるようになったのだ。

いつも病室の世話をしてくれるヘルパーの女性は、夫の病気のことを案じていた。夫はガンだった。あなただけには言うけれど、と教えてくれた話によると、夫のガンは、精巣のガンで、大事なものを一個取ったのだという。そのせいか、ガンはよくなったものの、気力が出ずに、ぶらぶらしているのだと嘆いていた。

「そういうことって、あるのかしら?」と、まじめな顔で訊ねられて、若者は困った。

若者を担当する看護師の一番の関心は、高校生の息子のことだった。彼女の話によると、学校を休みがちになっているらしい。

特段、これといったアドバイスをしたわけでもない。ただ話を聞きながら、いっしょに心配を共有しようとしただけだ。

だが、どちらも「話を聞いてもらって、なんだかスッとしたわ」と、明るい顔で言うのだった。

「でも、あなた、どうしてこんなところにいるの？　もう、すっかり元気じゃない？」とヘルパーの女性から言われた翌日、診察に呼ばれた。

また、どうせ何か難癖をつけられて引き延ばされるのだろうと高をくくっていた。それなら、それでいいという気持ちだった。

ところが主治医は、カルテから顔を起こすと、藪《やぶ》から棒に「もういいでしょう。明日、退院してもらいます」と告げたのだ。

待ちに待っていたはずの退院許可が出たというのに、若者の気持ちは複雑で、はずまなかった。うれしさというよりも、心細さと不安が押し寄せてくる。

こんなに早く先生と別れてしまうことが、心許《こころもと》なかった。本当に死にかけた自分を、もう一度生きようという気持ちにしてくれたのは、先生だった。だが、明日からは、また一人で生きていかねばならないのだ。それに暗黙のルールも、まだ一つしか教えてもらっていない。

若者は先生のところに診察の結果を報告に行った。

「おれ、退院することになったよ」と告げると、

「そうか、それはよかった」先生は自分のことのように喜んだが、若者の表情に怪訝そうな目を向けた。

「どうしたんだ、浮かない顔をして。退院が決まったっていうのに、おぬし、うれしくないのか?」

「そりゃ、うれしいさ。でも、帰ると思うと、心細くなって、不安な気持ちに圧倒されそうになるんだ。もう一度人生をやり直してみようと、決心しているつもりだけど、果たして本当に、そんなことができるのか、自分でも半信半疑っていうか……。本当の気持ちを言うと、もっとここにいて、先生からいろいろ教わりたい」

先生は、若者の素直な気持ちを受け止めるようにうなずいてから、諭すように言った。

「イヤな現実に向き合うのを避けるのを、やめたのではなかったのか?」

若者ははっとした。また、昔の自分にもどっている。

「何を教わろうと、それは頭の中でのことだ。それを実践して、初めて血肉となる。おぬ

しは、社会にもどらねばならない人間だ。わしのように、ここに長居をしすぎてしまうと、もう社会にもどれなくなってしまう。おぬしには、そうなってほしくない。立派に、社会で生きていってほしい」

「でも、面会くらい来てもいいだろう？」

その質問には答えず、先生はまっすぐ若者を見ると、言った。

「おぬしに次のルールを授けよう」

「本当か？　ということは……」

「おぬしは、立派に最初のルールを体得した。そろそろ次を学んでもいい頃じゃ」

「ありがとう、先生。……でも、もしおれが次のルールも実践して、体得できるようになったら……」

「その次の一つを教えよう」

「えっ、ということは、また会いに来てもいいってことかい」

先生はうなずいた。若者の顔はいっぺんに輝いた。

「先生。おれ、早く体得して、必ず会いに来るよ」

若者のはしゃぎぶりに先生は笑みを浮かべたが、もう一度顔つきを引き締めると、釘を刺すように言った。

「言っておくが、そう簡単ではない。こんなことをしても、役に立つのか、意味があるのかと思うときもあるだろう。すぐに結果が出るわけではない。面倒事に巻き込まれることもあるかもしれない。それをどう実践するか、そこを考えるのが、おぬしの仕事じゃ」

確かに、いままでは、そばに先生がいて、心がくじけそうになっても、先生を頼ることができた。だが、これからは、そうはいかない。

「おれにできるかな」

若者は、素直に不安な気持ちを、言った。

「どうしてもわからないときは、助けを求めたらいい。ただし、答えは教えんがな。ヒントを出すだけじゃ。答えは、おぬしの手でつかみ取らねばならない」

「わかった。おれ、やってみるよ。自分がどこまでできるか」

先生は、満足そうに目を細めた。

若者は、きりっとした表情で、先生に向き直った。

「では、教えてほしい。二番目のルールを」

先生は大きくうなずき、一つ呼吸をしてから語り出した。

「おぬしに授けたい二番目のルールは、**見捨てられたものほど、認められたがっている、**ということじゃ。逆に言えば、**見捨てられたものが認められたとき、そこには力が生まれ**

る。また、こうも言えるじゃろう。**人が見向きもしないものにこそ、大きな価値が眠っている**、と」

若者は一つひとつの言葉を記憶に刻み込んだ。新しいルールは、一段と難しくなった気がした。

「わしが教えることができるのは、ここまでじゃ。あとは、おぬしが実践の中から学んでいくしかない」

翌朝、いよいよ退院という間際、若者は礼を言いに、隣のベッドにいる先生のところへ行った。

「先生、ありがとう。おれ、きっと何かをつかんで、もどってくるよ」

「それまで達者でな。どんなことがあっても、死んではならんぞ」

「ああ。それだけは約束するよ」

若者は先生と握手を交わした。

若者が立ち去りかけると、先生が紙にくるまれたものを差し出した。

「これをもっていきなさい。無一文では、動きが取れんだろう」

「先生、それは……。先生だって、困るだろう」

「ここにいれば、わしのほうは何とかなる。おぬしは、そうはいかぬでな」

若者は、先生が最近、ジュース一杯も飲まず、買い物に行っても、何も買わなかったことを思い出した。この自分のために、先生は、わずかの小遣い金を節約してくれていたのだ。そう思うと、胸が熱くなった。

「ありがとう。それじゃあ、これは貸してもらうよ。いつかきっと返すから」

この金がなければ、若者は、アパートに帰り着く電車賃さえもっていなかった。

看護師が、若者の名を呼んでいた。

「さあ、行きなさい」

鍵が差し入れられ、鉄扉が開けられると、階段や廊下を通って、エントランス・ホールまでやってきた。職員の見送りは、そこまでだった。

若者は、ほぼ一月ぶりに、病院の外に踏み出した。明るく陽光が差している。だが、外気は冷たかった。入院している間に、年が変わっていた。若者は、外の世界の厳しさを、肌身にしみて予感した。振り返ると、見送りにきてくれた職員にもう一度頭を下げ、病院の前の緩やかな坂道を下りだした。

二章　病院を退院した若者、仕事を見つける

歩きながらも、若者の心はしばらく温かい気持ちに満たされていた。先生から渡された紙包みを、ためらいがちに開いてみると、千円札が三枚入っていた。それがどれほど貴重なお金であるかを考えて、胸がきゅっとなった。何とか仕事を見つけて、先生に返したいと思った。

大切に使わなければ。そう思って、若者は、三枚の紙幣を紙に包み直し、ポケットにしまい込んだ。

駅までたどり着いて、料金表を見上げると、若者の住んでいる町までは、二百八十円もかかることがわかった。若者は溜め息をついた。所持金を減らさないためには、歩くしかないが、一体、何時間かかることだろう。

さっきまでの前向きな気分が、ままならない現実に曇っていく。若者はしかめっ面を浮かべ、舌打ちしてから、はっとした。先生の言葉を思い出したのだ。

――どんなひどいことにも、必ずよいところがあるものじゃ。よいところを見つける名人になってほしい。

よいところを見つける名人……。若者は、いまこそ、それを実践してみようと思った。そのためには、どうすればいいのか。何時間もの道のりを歩くのは、確かに大変だが、いいこともあるはずだ。

若者は歩きながら、考えてみた。距離は長いが、散歩かハイキングだと思えば、いい運動になる。幸い天気もいい。病院暮らしで足腰が弱っていたから、おあつらえ向きかもしれない。それに、電車で早く着いても、どうせすることはないのだから、時間つぶしにもなる。あまり明るいうちにアパートに帰ると、大家と顔を合わさないとも限らないし、何かと面倒だ。日が暮れる頃に着けば、その点都合がいい。それに、歩きながら、こんなふうに考えることもできる。歩いていると、気分も晴れ晴れして、じっとしているよりも頭がよく働くような気がする。

そう考えると、いいことのほうが多いような気がして、足取りも軽くなった。

――よいところを見つけられるかどうかで、幸せにもなれば、不幸にもなる。

先生が教えてくれたことの意味が、実行する中で、もっと深く実感できる気がした。自分にも実践できたことで、ほんの少しだけ、自分が変われたように感じ、自信がわいてくる。以前の自分であれば、すっかり気分が腐って、不満だらけになっていたにちがいない。歩きながら、若者は、先生から授けられた新しい暗黙のルールについて、考えてみることにした。

見捨てられたものほど、認められたがっている。

見捨てられたものとは、まさに自分のことのような気がした。確かに自分は、誰にも価値を認めてもらえず、鬱屈していたのかもしれない。本当は、自分の価値を、もっと認めてもらいたかったのか。少し前の自分なら、そんなことはない、誰にも認めてほしくなんかないと、開き直って反発しただろう。しかし、いま冷静に振り返ってみると、思い当たることがいくつもある。

若者は、高校に入って、成績がどんどん落ち始めた頃のことを思い出した。親は試験のたびに下がっていく順位を見て、ひっくり返らんばかりに怒ったり嘆いたりしたが、そのうち呆《あき》れるのにも疲れたのか何も言わなくなり、成績表さえ見ようとしなくなった。代わりに、若者の話をするときは、冷ややかな薄笑いを浮かべるようになったのだ。そして、成績のよい弟のほうにばかり関心を向けるようになった。若者は、清々したと思ったが、内心、見捨てられたと思った。

大学でも、就職してからも、心のどこかに、自分はいつか見捨てられるという思いがあった。否定的なことを少しでも言われると、それだけで、もうすべてが否定されるように思い、また見捨てられるという気持ちになった。それなら、自分から立ち去ろうと思ってしまうのだ。でも、本当のことを言えば、自分の価値を認めてほしかった。なのに、自分から拒否して、遠ざかっていたというのか。

そんな一つひとつのことを振り返り、考えをめぐらせながら歩いたので、時間がたつのも忘れるほどだった。おそらく、もう二時間ばかり歩いているはずだ。道のりの、もう半分以上は歩いたが、若者の住む町までは、まだ一時間以上かかる。さすがに疲れを覚えて、若者は、どこかで足を休めることにした。

駅前に広場があって、片隅にベンチが置いてあった。若者は、そこに腰を下ろして、行き過ぎる人を見るともなく見ていた。しばらくすわっていると、人の動きには二種類あることがわかる。一つは、目的をもって前を通り過ぎる人たちだ。駅へ向かうか、駅からそれぞれの目的地に、まっすぐ歩き去っていく。それとは別に、もう一つの動きがあることがわかる。どこに行くという目的もなく、漂うように辺りを彷徨《さまよ》っている人たちだ。

その一人に、若者は目を留めた。姿恰好が、一瞬先生に似ているような気がしたのだ。先生よりは若いが、六十は過ぎているだろう。小柄で、痩せていて、白髪が目立つ。ただ、先生のように手を後ろに組んで、黙想に耽《ふけ》りながら歩いているのとは違っていた。目をきょろきょろさせながら、しばらく歩くと立ち止まり、また、しばらく歩くと立ち止まるということを繰り返している。手からは、膨らんだビニール袋を下げている。見ていると、ゴミ箱からゴミ箱に移動しながら、中のものを漁《あさ》っているようだ。この不況の煽《あお》りで仕事がなく、ゴミ拾いをして生活しているのだろうか。何と気の毒なことだ、と、若者は自分の身の上も忘れて同情した。

以前の若者であれば、それ以上、関心を払うことはなかっただろう。実際、若者は、見てはいけないものを見てしまったように、視線を他にそらしかけた。そこで、若者は、先生から授けられた二つ目の暗黙のルールのことを思い出した。

見捨てられたものほど、認めてもらいたがっている。

もしかして、このルールは、いま目の前に見ている現実にも当てはまるのではないだろうか。見捨てられたものとは、この場合、誰からも顧みられることなくゴミ箱を漁っている初老の男のことだろうか。彼もまた、自分を認めてほしいと思っているのだろうか。

以前の若者であれば、そう思ったとしても、次にどう行動したらいいのかわからなかっただろう。だが、若者は、すでに最初の暗黙のルールについて学び、それを体得していた。

人は関心を共有する者を、仲間だと認める。

若者は、行動を起こした。近くのベンチに置き去りにされていた缶コーヒーの空き缶を手に取ると、ゴミ箱の前にいる男に近づいた。男は、手を伸ばして、ゴミ箱の中のものをつまみ上げ、ビニール袋に移しているところだった。

若者に気づくと、一瞬身をすくめ、悪いことでもしていたように、こそこそと立ち去ろうとした。

「おじさん」と若者は呼び止めた。

男は、びくっと背中を緊張させて、嫌々立ち止まり、呼ばれたのが誰のことかと戸惑うように、怯《おび》えた眼差しで振り返った。

「これ、よかったら？」

若者は、空き缶を差し出した。男はほっとした様子で、表情をゆるめると、空き缶を受け取った。

「ありがとう」

「でも、その空き缶、どうするの？」

男はまた困った顔になったが、別段隠しもせずに答えた。

「売りに行くんだ。こんな仕事しか、いまはないもんでな」

若者は、ゴミ箱の中に、まだ残っていた缶を拾い上げると、ビニール袋に入れた。

「すまないな」

こんな親切を受けるのは、滅多にないことなのか、男はうれしそうだった。

「お金になるの？」

「アルミと鉄じゃあ、値段が違うんだが、この大きなビニール袋一杯集めて、四、五百円ってとこかな。近頃は、商売仇《がたき》が増えて、率が悪くなっちゃって。一日中、集めて歩いたって、三千円がいいとこだ。下手すりゃ、千円にもならないって日もある」

「厳しいんだね」

「ああ、せめて車にでも乗れたら、ましな仕事があるんだが」

「ましな仕事というと？」

「空き缶集めじゃ知れてるけど、エアコンや洗濯機、バイクなら、もう少しいい金になるんだ。軽トラもあるんだが、免許を取り上げられちまって、車に乗れないんだ」

男は、白内障が進んで視力がガタ落ちになったことをぼやいた。

「免許なら、おれ持ってる」

「えっ、兄さんが？」

男は、改めて若者のほうに関心を向けた。

「でも、兄さん、仕事は？」

「おれ、失業中なんだ」

「そうか……。若い者も大変なんだな。なら、ちょうどよかった。兄さんさえ、その気があるのなら、いっしょに仕事をしないか」

思ってもみない話に、若者はためらったが、どうせ仕事もすぐには見つからないだろう。時間だけは、たっぷりある。ここは思い切って乗ってみることにした。


男の家に連れて行かれて、若者はびっくりした。住宅街の一角にある古い民家は、紛れもなくゴミ屋敷だった。そこに蓄えてあった空き缶もいっしょに、リサイクル業者の工場に向かった。若者も、空き缶で膨らんだ袋を一つさげた。

男と連れだって、三十分ばかり歩くと、町外れにある工場にたどり着いた。幸いなことに、工場は、若者の住んでいる町寄りにあり、帰り道の途中に当たっていた。男は、ビニール袋二つ分の空き缶を引き渡し、事務所で代金を受け取ってから、担当者に家電の回収の話を切り出した。担当者は、後ろにいる若者のほうを見てから、うなずいただけだった。話はそれで決まりだった。

翌日から、若者が軽トラを運転し、男が助手席に乗ることになった。男の名が、黒丸《くろまる》ということを知った。ただ、仕事の条件は、出来高払いの上に、軽トラにかかるガソリン代は自腹で負担というものだった。

それでも、若者にとって、仕事が決まること自体が夢のようだった。自分も必要とされたのだ。

思わぬ寄り道をしたので、見慣れた街並みにたどり着いた頃には、高かった太陽も建物の間に沈み、辺りはすっかり暗くなっていた。アパートが近づくにつれ、若者はまた少し気が重くなった。アパートに帰るのは、ほとんど一カ月ぶりだ。大家に会わないことを祈るのみだった。もしかすると、家賃を踏み倒して、夜逃げでもしたと思われているかもしれない。荷物が取り払われて、鍵を変えられ、別の人が住んでいたりしたら、どうしよう。立て込んだ路地の奥に、古ぼけたアパートの建物が見えてくると、若者は誰にも会わないように足早に、自分の部屋をめざした。

鍵を取り出し、ドアを開けると、誰にも見られないように素早く身を滑り込ませた。ドアを閉めて、ロックする。ひと息ついて、薄暗い部屋を見渡すと、ひどく散らかってはいるが、どうやら一カ月前と変わっていないようだ。電気のスイッチに手を伸ばしかけ、やめた。電気は前から止められていた。若者が退院してきたからといって、電気がつくはずもない。

足下に散乱している物を片づけ、とりあえず小さなスペースを確保した。若者はそこに腰を下ろし、長い散歩で疲れた足を休めた。

明かりも暖房もない部屋。現実の厳しさを改めて突きつけられる思いだ。だが、若者の胸には、希望があった。若者は、コンビニで買ってきたおにぎり一個と水で夕食を済ませた。残金は、二千八百八十円。先生にもらったお金が尽きるまでに、何とかしなければ。若者は布団にくるまると、明日からの仕事に備えて眠りに就いた。


翌日から、若者は仕事を始めた。不要になったエアコン、洗濯機などの家電製品を回収して回るのだ。

電器店に持ち込んで処分してもらうと、三、四千円の費用をとられてしまう。だが、回収業者は、それを無料で引き取る。

「どうして、そんなことができるの？」

若者が疑問をぶつけると、

「宝の山が眠っているからさ」と謎めかした答えが返ってきた。

「どういうこと？」

「分解して、中から銅や真鍮《しんちゅう》といった金属を取り出すのさ。きれいに分解して、分別すれば、エアコン一台当たり、数千円分の金属屑《くず》が取れる」

「へぇー」と若者は感心する。

「だが、喜ぶのはまだ早い。分解して、金属屑を取り出すのに、へたすると、それ以上の手間賃がかかる」

「えっ。じゃあ、赤字じゃないか」

「だから、リサイクル料金がかかるんだ」

「苦労して、回収しても、儲《もう》けが出ないんじゃないか」

「分解して、材料をリサイクルしようとすると、そうなっちまう。でも、リサイクルのやり方には、もう一つあるんだ」

「あっ、そうか。製品としてリサイクルする？」

「そういうことだ。回収した家電の大半は、まだ立派に使えるんだ。東南アジアとかの貧しい国に船で運べば、十分売り物になる。そういう輸出業者が、一台当たり、五百円から二千円くらいの値で買い取ってくれる。そのほうが、廃棄物も出ないし、環境にも優しいだろう」

　若者は納得してうなずいた。

「本当に宝の山なんだ」

そうつぶやきながら、若者は、見捨てられたものにこそ、気づかない価値が眠っているという先生の言葉を思い出した。見捨てられたものほど、認めてもらいたがっている、というのは、人間だけではなく、物にも当てはまるのだろうか。

だが、いくらトラックを走らせても、あまり反応はない。午前中一杯かかって、洗濯機が一台と古いパソコンが一台回収できただけだ。

「これじゃあ、ガソリン代も出ないや」とぼやきながら、黒丸さんは、自販機を見つけるたびにトラックから降りていって、空き缶も回収している。

「たぶん、電化製品の回収も同業者が増えて、競争が激しくなってるんだ」

昼飯は、またコンビニのおにぎり一個だったが、黒丸さんが水筒に入れてきたお茶をくれた。

若者は、食べ終わると、何かいい方法はないものかと考えた。

見捨てられたものほど、関心を求めている。見捨てられたものに関心を注げば、そこから力が生まれる……。そのルールをもう一度思い起こしてみた。見捨てられたもの……。

「ねぇ、黒丸さん。この辺りで一番回収がよさそうな地区はどこ？」

「いま回ってきた、住宅街だ。何しろ民家の軒数が多いし、電気製品の需要も多い。つまり、廃品もたくさん生まれるということだ」

それでも、回収成績は、このありさまだ。

「じゃあ、逆に、この近辺で一番回収できそうにない地区はどこ？」

「駅裏のスラムかな。飲み屋とか食い物屋ばかりで、住民がどれだけ住んでいるのかもはっきりしない。おまけに道幅の狭い路地が、ぐねぐね曲がっているし、商店街に人が溢れているから、軽トラックも入りづらい。あんなところは、行っても無駄だろ」

若者は顔を上げた。

「黒丸さん、昼から、その地区に行ってみようよ。車で入れないのなら、おれ、車を停めて徒歩で回ってもいいよ」

実際に行ってみると、商店街とは名ばかりの、昼間も暗い路地が延びていて、車は入れない。周辺には、さらに狭い路地が蜘蛛《くも》の巣のように広がっている。

若者は軽トラを商店街の入口に停め、後は徒歩で一軒一軒に声をかけた。ラーメン屋、スナック、焼鳥屋、ラウンジ……。まだ店を開けるには早いらしく、どの店舗も色あせた素顔のままだ。中に声をかけても、なかなか返事がないところも多いが、大抵、店舗の上の二階が住宅になっていて、面倒くさそうに下りてくる。

「まいどあり。不要な電化製品の回収を無料で行っています。ご用はありませんか」と声をかけると、すぐさま反応があった。「ああ、ちょうどよかった。いらないテレビが一台あるんだ。もっていってくれる？　ついでに、電子レンジも」

それから、立て続けに不要品が出てきた。すぐにトラックの荷台が一杯になった。午後だけで二往復した。商店街だけを一回りするのに、翌々日までかかった。二人とも働きづめに働き、三日間で十万を超える利益が上がった。

若者は、その半分を受け取ると、滞納していた電気代と、とりあえず一カ月分の家賃三万二千円を払った。

「仕事が見つかったの？　そりゃあ、よかったね」と大家は機嫌よく励ましてくれた。

払いを終えると、手元には五千円ほどしか残らなかった。それでも、久しぶりに電灯の灯《とも》った部屋で夕食をとると、心の中にまで明かりが射したように感じられた。

駅裏の入り組んだスラム街を、徒歩で回収して回った。テレビや洗濯機を、トラックまで運ぶのは大変だったが、夢中になって運んだ。スラム街を毎日のように歩き回っているうちに、すっかりそこの住人たちと顔見知りになった。

若者は、仕事でてんてこ舞いだったが、住人たちと挨拶したり、言葉を交わすことを怠らないようにした。どんなときも、誰とであれ、関心を共有することが大事だということを学んでいたからだ。

スナック
マッサージ
ラーメン

回収に回っていたある日、民家の庭先の鉢植えの花が枯れかけているのに目が留まった。晩秋から春にかけて黄色い花を咲かすユリオプスデージーだ。

寒さで弱っているうえに、明らかに水のやりすぎだった。若者はその家のおばさんにそのことを教えてあげた。

「若いのに、詳しいんだね」

「いえ、人間より木や花の気持ちのほうがよくわかるんです」

「面白いことを言う人だ」

おばさんは、とても感謝してくれた。若者は、人の役に立ち、喜んでもらえることがうれしかった。

そんなことがあってから、若者は、昔から生き物、中でも植物に興味があったことを思い出した。

だが、若者のそんな興味に、父親と母親は無関心だった。父親は、経済か法律を学んで、堅い仕事につくことを勧めた。母親も、部屋の中が若者の採取した植物で一杯になるのを嫌って、息子の興味を喜ばなかった。

若者は、次第に植物に対する関心を抑えるようになり、大学でも経済を専攻した。けれども、経済に対して心からの興味を感じることはなかった。

若者は、押し入れの奥にしまい込んでいた段ボール箱の中から、植物に関する本を取り出した。どれも、子どもの頃から、わずかな小遣いを貯めて買ったもので、若者にとっては宝物だった。しかし、もう長いこと、眺めることもなくなっていた。若者は久しぶりに、植物の本を眺めて過ごした。若者は忘れかけていた自分の中の熱い思いが蘇ってくるように感じた。若者は、本を抱えたまま、昼間の疲れでいつしか眠り込んでいた。

親しい口を利くようになった住人たちは、知り合いを次々に紹介してくれ、若者がその地区を回りやすいようにしてくれた。若者が次の路地に行く頃には、もうみんな玄関口に出て、いらない家電製品を並べて待ってくれているのだ。若者と黒丸さんが運ぶのに苦労していると、どこからともなく古いリヤカーを引っ張ってきて、これを使ったらいいと言ってくれた。お陰で仕事がずいぶん楽になり、はかどった。

それでも、その地区のすべての家を回り終えるのには、さらに四、五日かかった。売り上げは合計で四十万にもなった。

「『人の行く裏に道あり、花の山』ってやつだな」と黒丸さんも、古い格言を持ち出して、至極ご満悦だった。だが、若者には、住人にありがとうと言ってもらえたことのほうが、大きな喜びだった。

その地区が終わると、黒丸さんは、細い路地しかない別の地区を見つけ出してきた。来る日も来る日も、二人で路地裏をはいずり回った。

ある日、昼ご飯を食べる場所を探していると、『植物園』という標示が目に入った。若者は、惹《ひ》かれるように、ゲート近くの広くなったスペースの路肩に車を停めた。

黒丸さんは怪訝な顔もせず、いつも通り弁当の包みと水筒を取り出すと、車の助手席で昼食を始めようとした。

若者は思い切って言った。

「せっかくだから、中で食べようよ」

「でも、ここは植物園だろう？　ただじゃ、入れてもらえないぞ」

黒丸さんは、まるで気のない返事しか返さなかった。若者もそれ以上は言えず、運転席で弁当を開いた。

食べながらも、植物園のことが気になって、あまり話もはずまなかった。

「おれに遠慮せずに、中を覗いてきたらいいよ。おれは、ここで昼寝でもしてるから」

食べ終えてしまうと、黒丸さんは、さっさと昼寝を始めた。

若者は車を降りると、ゲートまで歩いた。入園料は二百円だった。若者は躊躇《ちゅうちょ》したが、思い切って中に入ってみることにした。

中は、とても広々としていた。ノースポール、パンジー、マーガレット、アネモネ、ビオラ、カレンデュラ……。色とりどりの春の花が、春を待ちきれないように、もう咲き誇り始めていた。若者は園内を埋め尽くしている植物の一つひとつに目を奪われていた。時計を見ると、いつのまにか半時間ばかりが過ぎていた。若者は我に返り、黒丸さんがそろそろ昼寝から目を覚ます頃だと思って、ゲートのほうにもどりかけたとき、いままで目に入らなかったほうに注意がいった。植物の傍らで、作業服姿の男性が働いていた。

若者はその姿に思わず見ほれてしまった。若者の心を捉《とら》えていたのは、羨望《せんぼう》の気持ちだった。あんな仕事があるのだということを、いままで考えたこともなかった。

若者は、思い切って声を掛けた。

「植物園の職員の方ですか？」と聞くと、作業服の男性は首をふった。

「手入れの大部分は、われわれのような外部の業者が委託を受けて、やっているんです」

「そこで働かせてもらうのは、難しいんでしょうね」

唐突な質問に、作業服の男は驚いたようだった。

「きみ、働きたいの？　どうして？」

「植物が好きなんです」

若者の答えを、男は一笑に付した。

「自然相手で呑気《のんき》そうに見えるかもしれないけど、なかなか大変だよ。夏は暑いし、冬は寒いし」

「でも、いつも植物の世話をしていられるんでしょう？」

「まあ、それが仕事だからね。きみ、そんなに植物が好きなの？」

「はい」

それは、若者の正直な気持ちだった。

男は自分の仕事にもどりながら、

「うちにも、きみみたいな若い人が時々来るけど、三カ月と保《も》たずにみんな辞めていってね。でも、本気でやる気なら、一度履歴書をもってきなさい。採用になるかどうかはわからないけど」

男は軍手を外すと、取り出した名刺を若者に渡した。男は、造園会社の社長だった。名刺を受け取ったものの、若者も、そこまでの強い決心があったわけではない。早足で車にもどると、黒丸さんは何事もなかったように昼寝をしていた。若者は、なぜか後ろめたいような気持ちを覚えた。


回収の仕事は、その後も順調だった。ただ、路地を走り回りながらも、以前のようには心がはずまなかった。売り上げのことで血眼になっている黒丸さんと、以前ほど関心を共有できないのを感じた。

その月、結局、売り上げは七十万に達し、経費を引いても、若者の取り分は三十万を超えた。若者はリヤカーを貸してくれた人に、お礼をした。

手にした金で、若者は残りの家賃の滞納分を払ったが、それでも二十万近い金が残った。だが、この金でおいしいものを食べたり、憂さ晴らしをしようとは思わなかった。

若者は、先生から借りたお金を返すときがきたと思った。それに、先生に会いたかった。

病院に来ると、懐かしい気持ちになった。死に損なって、この病院に運ばれ、先生に出会ってから、自分の新しい人生が始まったのだ。

面会室で待っている間も、若者は落ち着かなかった。立ったりすわったりしそうになるのを、心を落ち着けて、じっとすわっているのがやっとだった。

一カ月余り見なかった間に、先生は少し老けて、小さくなったように感じられた。だが、若者を見ると、小さな顔がうれしそうに輝いた。その輝きは、初めて会ったときと、少しも変わっていなかった。

「おれ、来たよ」

「ああ、きっと来ると思っていたよ」

「先生から教えてもらったルールを守ってやってみたんだ。そしたら、物事がうまい具合に進んで。いまは仕事も順調なんだ」

若者は、家電製品の回収の仕事をしていること、結構いい収入になっていることを話した。

「見捨てられたものほど、関心を求めている、というルールを実践したんだ。先生の言った通り、見捨てられたものにこそ、大きな価値が眠っていたよ」

「おぬしなら、きっと実践して、体得すると思っていた」

若者は、封筒に入れたものを先生の前に差し出した。

「失礼かもしれないけど、これ、先生に返しておこうと思って」

「わしは、おぬしにあげたのじゃ。返してもらおうなどと……」

「わかってるよ。先生の気持ちは。でも、おれの気持ちもわかってほしいんだ。このお金がどんなにありがたかったか。本当に助かったんだ。だから、今度は、別の困っている人に回さなきゃ」

先生は、若者の意を汲《く》み取ったらしく、うなずいた。

「わかった。じゃあ、そうさせてもらうよ」

一瞬言葉が途切れた。

「それで、おぬし、これからどうするんだ？」

若者ははっとした。先生は、若者の心に最近ひっかかっている思いを見抜いていたのだ。

「実を言うと、迷っているんだ。困っているとき助けてもらったし、いい金になるし、住人にも喜んでもらえる。環境に役立っているかどうかはともかく、悪い商売ではないと思う。いつまでもいまの上がりが続くかどうかは、わからないけど、生活できるくらいは何とか稼げそうだ。ただ」と言ったまま、若者は考え込んだ。

「遠慮せずともよい。ありのままの気持ちを言いなさい」

若者は、なおもためらっていたが、口を開いた。

「贅沢《ぜいたく》を言っていると思うかもしれないけど、ときどき、本当にこの仕事をやりたくてやっているのだろうかと思うことがあるんだ。でも、おれが仕事を辞めたら、相棒の黒丸さんは、また缶拾いの仕事にもどらないといけない。黒丸さんは、すごくがっかりするか、怒ってしまうかもしれない。やっと人間らしい暮らしができるようになったって喜んでいるのに、それをぶちこわしにしていいのかと思う。おれ、どうしたらいいのかな？」

「おぬしの気持ちは、ようわかるし、おぬしがそう思うのも、人と気持ちを共有することの大切さを学んだからじゃろう。そろそろおぬしは、次のルールを学ぶときが来たようじや」

「次のルールを教えてくれるのか？」

先生は、厳かにうなずいた。

「きょう授けるルールは、**自分が求めているものを、はっきりさせないと、求めているものは手に入らない**、ということじゃ。そこから、**自分の求めているものが曖昧だと、みんなが混乱する**、というルールが導き出されるし、**自分の求めているものを、はっきりさせることが、結局、みんなの幸せにつながる**、ということにもなる。人生に遠慮など、無用なんじゃ」

それが、若者の悩みに対する先生の答えでもあった。

若者を縛りつけていたものが、ほどけていく気がした。

「わかった。それを実践してみるよ。どこまでやれるか、どんなふうに実践すればいいのか、わからないけど」

「きっといい方法が見つかるじゃろ。勇気を出して、本当の自分の気持ちと向かい合うんじゃ」

若者は、先生と向かい合っていると、自分の気持ちが澄んできて、誤魔化《ごまか》していた気持ちまで透けて見えることに驚いた。日頃、見まいとしている自分の気持ちを、先生を前にするると、はっきり自覚するみたいだ。

だが、若者にとって、難題が片付いたわけではなかった。それを実践するという困難な課題が残っていた。若者は、黒丸さんがどんなに落胆するかを考えて、憂鬱だった。自分の求めているものを、はっきり示すことが、結局、みんなの幸せにつながるという先生の言葉を、若者は半信半疑にしか受け止められなかった。それに、自分が求めているものを、はっきりさせるといっても、本当に自分が何を求めているのか、確信がもてたわけではなかった。

自分にはこれといった特別の関心も才能もないとしか思えなかった。生き物、中でも植物が好きだったが、それも子どもの頃の話だ。昆虫好きの子どもが、ファーブルのような昆虫学者になれるわけではないように、子どもの頃の夢を仕事にできることなど、極めて稀《まれ》なことなのだ。だから、ファーブルは偉大なのだ。並の人間に、真似のできることではない。

そう考えて、いつのまにかあきらめていた。親の望むようにするしかないのだと思っていた。だが、本当にそうだったのだろうか。

自分の求めているものを、はっきりさせることが、結局、みんなの幸福につながるのだ、という先生の言葉を何度も心の中でつぶやいた。自分は、これまで一度でも、自分の求めているものを、はっきりさせたことがあっただろうか。自分の求めているものを押し殺して、親の意向に従ってやってみたが、自分も親も、幸福になったと言えるだろうか。あのとき、自分の求めているものを曖昧にしてしまったことが、そもそも失敗の原因なのではないのか。

それから、四、五日してのこと、若者は、助手席の足下に何か落ちているのに気づいた。拾い上げてみると、伝票だった。見てみると、たったいま、黒丸さんから告げられた数量や代金とは違う数字が書かれていた。

最初は、黒丸さんが言い間違えたのかと思った。だが、何となく不審に思っていたことが、腑に落ちた気もした。このところ、頑張っているのに、思ったほど収益が伸びないということが続いていたのだ。翌日も、翌々日も、注意してうかがっていると、黒丸さんは売り上げを誤魔化して、若者には過少申告していることがわかった。毎日、数千円から一万円ほどをピンハネしていたのだ。約束違反だった。

そのことを言い出すべきか悩んだが、お金のことで、関係が気まずくなるのもイヤだった。だが、そんな気持ちを押し殺しながら、いっしょに働いていると、若者は、この仕事を続けるのが余計にイヤになってきた。裏切られているのに何も言えない自分もイヤだったし、黒丸さんを嫌いになっていくこともイヤだった。

ただ、このままいまの仕事を続ける気がなくなっていることだけは確かだった。何か言いようのない不充足感が若者の中で膨らんでいた。

数日たったある日、午前中の仕事を終えると、いつものように公園の前にトラックを停め、二人はベンチに腰掛けて、遅い昼食をとっていた。

「この地区が終わったら、隣町の商店街の周辺を回ろうと思うんだ。あそこも、道が狭くて人通りが多くて、回収業者のトラックが入れるようなところじゃねえからな」

黒丸さんは、これからの計画を思い描くように言った。

言い出すべきかどうか迷い続けていた若者は、ついに言うべきときが来たことを悟った。

「実は、おれ、この地区が終わったら、この仕事を辞めようと思うんだ」

「えっ、どうして。まだまだ稼げるっていうのに」

「黒丸さんには、とても世話になって、よくしてもらって悪いけど」

「あんたがいないと、わし一人じゃどうにもならないってことは、わかってるだろう。取り分に不服でもあるのか？」

黒丸さんは、こちらをうかがうように言った。

若者は黒丸さんを見た。黒丸さんは、一瞬、怯えたような目つきになった。

若者は顔をそらすと、ただ首をふった。

「じゃあ、どうして。稼げる間に稼いで、また儲かる仕事に変わればいいだろう？」

「悪いけど、決心したんだ」

「あんた、勝手だよ。何の相談もなく、自分一人で決めて」

黒丸さんは、それから仕事が終わるまで、口を利かなかった。

若者はつらかったが、黙っていた。

その日の仕事が終わった後で、別れ際に黒丸さんが、口を開いた。

「あんた、考え直してくれないか。頼むよ。金のことで疑ってるのなら、明日から伝票を見せて、きっちり確認してもらうから」

黒丸さんが自分の非を認めたのだ。若者の気持ちは、激しく揺れた。「わかったよ」と、どれほど言いたいと思ったことか。だが、若者は、先生から授けられた新たなルールを自分に言い聞かせた。自分の求めているものを、はっきりさせることが、結局、みんなの幸せにつながるのだ。本当にそうなるのかどうか、自信がなかったが、いまはそう信じて心を鬼にするしかなかった。

「ごめん。おれの気持ちは変わらない」

黒丸さんは、そっぽを向いて、家の中に入っていった。若者は、黙って立ち去るしかなかった。

そんなことが二、三日続いた次の日、若者がいつものように、黒丸さんの家まで行くと、トラックのところには、もう一人の若者が先に来て、トラックのガラスを磨いていた。

「あんたの後釜《あとがま》に来てもらうことになったんだ」と、黒丸さんは、新入りの若者を紹介した。

「それは、よかったね」

黒丸さんも、機嫌がよかった。黒丸さんが耳打ちした。

「日給七千円で募集したら、二十人も応募があったんだ。あんたより、ずっと安上がりだ」

「そうですか。じゃあ、おれは、安心して辞められます」

その日一日、若者はできるだけ、自分の知っていることを新入りに教えた。

黒丸さんとの別れも、淡々としたものだった。関心を共有できなくなったとき、もう仲間とは認められないのだというルールを改めて思い知らされた。

だが、それも、自分で決めて自分で選んだことだ。自分を誤魔化し続けたところで、もっと苦い思いを後で味わうことになるだけだろう。

自分の求めていることを、はっきりさせることが、結局、みんなの幸せにつながる。その言葉の意味を噛みしめた。自分は、相手にとって絶対に必要な存在で、自分がいないとどんなに困るだろうと思っていたけれど、決してそんなことはない。自分がいなければいないで、世の中はちゃんと回るものなのだ。

自分の意思をはっきり宣言したことによって、黒丸さんも腹を決めて、他のパートナーを見つけることができたのだ。おれが遠慮していたのと同じように、黒丸さんも、お金のことでおれに遠慮していたのかもしれない。本当は、自分が年長で、トラックを所有し、経営者のようなものなのだから、もっと多くの取り分をもらいたいと思っていたのかもしれない。それが、こっそりピンハネするという行動にもつながったのだろう。

三章

若者、新たな職場で壁にぶつかる

若者は再び失業者になった。だが、胸には、自分らしく生きたいという決意と希望があった。それに、たまっていた家賃を払った上に、銀行口座には、十数万円の預金があった。節約して暮らせば、当座の生活費を心配する必要はない。

若者は、翌日さっそく名刺をもらった造園会社を訪ねてみることにした。倉庫と事務所があるだけの、思ったより小さな会社だった。

社長は留守で、事務の女性が応対した。名刺を見せて、社長と話をした経緯を説明し、履歴書を差しだそうとすると、女性は困った顔になった。

「実は、三、四日前に、新しい人が入ったばかりなんです」と事情を打ち明け、「社長には伝えておきますけど」と、慰めるように言った。

翌日電話をしてみたが、やはり人手が足りているとのことで、あっさり断られてしまった。もっと早く連絡すべきだった。せっかくのチャンスを逃してしまったのか。自分の決断の遅さが悔やまれた。

若者はまた当て所《あど》のない失業生活にもどるのだと思い、心細くなった。また同じことの繰り返しではないのかという考えが、忍び込んできそうになる。若者は、すがりつくように先生の言葉を思い出した。

どんなことにも、よい面がある。よい面を見つける名人になれ。

いま、この状況で、一体どんなよい面があるというのだ。

若者は、考えてみた。

確かに仕事の当ては外れたが、当座の生活費で心配するほどせっぱ詰まっているわけではない。それに、やってみたい仕事が自分にはある。何をすればよいのかわからなかったときとは違う。あの会社に雇ってはもらえなかったが、あんな小さな会社でも、新しい人を入れたということは、人手が必要だったということだ。同じような業種の他の会社を当たれば、人手をほしがっているところもあるのではないのか。

考えていても始まらないので、行動することにした。さっそくその日、ハローワークに足を運んだ。

ハローワークは相変わらず混雑していた。ただ、求人が年末に比べれば少しは増えたように思えた。景気はどん底の時期を脱しつつあるのだろうか。

自分が求めているものを曖昧にせずに、はっきりさせようと思った。若者は、臆せず、ハローワークの担当者に言った。

「植物にかかわる仕事がしたいんです」

担当者はすぐにはピンとこない様子だった。

「植物ですか……。食べられるほうですか、それとも……」

「どちらかというと、見て楽しむほうです」

「じゃあ、園芸のようなものかな。そうそう、一つあったな。これは、どう？　作業員を募集している」

そう言って担当者が出してきたのが、杉村園芸という会社だった。

「造園から園芸まで手広くやっている会社だよ」

不況にもかかわらず、よく求人が来ているという。

「ただ、しょっちゅう募集している会社は、人がいつかないということでもあるからね。人使いが荒いのは、ある程度覚悟しておいたほうがいいかも……」と担当者が小声でつぶやいた。

若者は不安になって訊ねた。

「他にありますか？」

「いまのところ、ここくらいかな。植物にかかわる仕事というと、限られてくるのでね」

選択の余地はなかった。

「そこを受けさせてもらえますか？」

担当者は、さっそく電話を掛けてくれた。


面接に行くと、人事担当の課長が会ってくれた。

「きみ、大学出てるの？　いい会社に勤めていたんだね。なぜ、辞めたの？」

以前の若者ならば、こういう質問をいきなりされただけで、動揺し、口ごもってしまうか、恰好つけた弁解をしようとしただろう。だが、ずっと自分に向かい合ってきたので、若者は自分のことを少しは客観的に見られるようになっていた。それに、相手の心をつかむには、自分の気持ちにこだわるよりも、相手と気持ちを共有することが大事だという暗黙のルールを体得していた。担当者は、大学出の元エリートでは、三日で音を上げるのが落ちだと危惧《きぐ》しているのだ。

若者は答えた。

「あの頃は、本当に働きたくて働いていたんじゃなかったと思います。イヤなことがあると、すぐに嫌気がさして。でも、どん底まで落ちて、気づいたんです。自分が役に立てることが、どんなにありがたいか」

「そんなこと言っても、またしんどくなったら、辞めたくなるんじゃないの？　それに、はっきり言って肉体労働だよ。体力的に保つかな？」と、牽制《けんせい》するように若者の体つきを見た。

「心配ありません。冷蔵庫を担いだり、リアカーを引いてましたから。足腰には自信があります」

　廃品回収で一日中路地を歩き回ったお陰で、若者の足腰は見違えるほどに鍛えられていた。だが、課長は別の点に反応した。

「えっ、リアカー？　ここに来る前は、何をしてたんだっけ？」と、履歴書をめくり直している。

「家電製品のリサイクルです」

　課長の目もとが、再び厳しくなった。

「大学を出て、廃品回収か。それに、大した金にならないだろう？」

「家電の回収は、立派な仕事です。それに、お金にもなりました」

　若者は、一月で七十万の収益が上がったことがあることも話した。

「へぇー。そんなに儲かるのなら、どうして辞めたの？」

課長は半信半疑という顔で聞いた。

若者はありのままに答えた。

「もっと自分が心からやりたい仕事をしたいと思ったからです」

「というと？」

「いろいろ遠回りしたけど気づいたんです。自分は、植物を扱う仕事がしたいんだって。子どもの頃から、植物が好きだったんです。でも、仕事に選ぶことは、頭からあきらめていて……」

「趣味でやるのと仕事とでは、違うからね」

課長は揺さぶりを掛けるように言った。若者は、課長と気持ちを共有しようとした。もし自分が課長で、自分に向かい合っているとしたら、どう感じるだろうかと想像した。すると、課長が不安に思っていることが伝わってきた。

課長は、若者が仕事を趣味の楽しみと勘違いして、失望してすぐに辞めてしまうのではないかと危惧しているのだ。その危惧を吹き払う発言をする必要があった。

「おっしゃる通りです。だから、プロになりたいんです。それで飯が食える本物のプロになりたいんです。チャンスをください」

課長は厳しい顔を上げると、若者の懇願を遮るように言った。

「ちょっと待って。社長に会ってもらうから」

半時間ばかり待たされて、現れた社長は、尊大な態度で、どかんと前にすわると、見下ろすような視線で若者を一瞥《いちべつ》した。この間、植物園で出会った社長とは、ずいぶんタイプが違う。若者は緊張した。

「課長から聞いたけど、うちで働きたいんだって?」

「はい」と、若者は気をのまれないように、精一杯、力をこめて返事をした。

社長は組んだ長い足を突き出し、タバコをくわえ、履歴書を眺めながら質問した。課長と同じような質問の繰り返しだったが、廃品回収の話を念入りに聞きたがった。

若者は、造園の仕事とどう関係があるのかわからなかったが、事実を正直に答えた。

社長は一つ溜め息をつくと、言った。

「明日から、来たまえ」

突然のことに、若者は息をのんだ。

「採用していただけるんですか」

「ただし、作業員としてではない。営業担当としてだ」

「営業ですか……」

若者は落胆を隠しきれなかった。

「うちは、今、レンタルプランツに力を入れていてね。そちらの営業を担当してもらいたいんだ」

「レンタルプランツというと？」

「観葉植物を、ホテルとか病院にレンタルで貸し出す商売だよ」と、課長が横から説明した。

若者は、自分がどうしたいのかをはっきりさせるというルールを思い出した。

若者は勇気を振り絞って言った。

「作業員としては、無理でしょうか。植物に直《じか》に触れられる仕事がしたいんです」

社長は不機嫌そうな難しい顔を、いっそう険しくするかと思うと、意外にも笑みを浮かべた。

「営業といっても、植物の管理や鉢植えの設置もしないといけないからね。うちのガーデンや温室には、しょっちゅう出入りすることになるし、人手がないときは、作業員の代わりだって、してもらうこともある。手入れや作庭についても勉強してくれれば、それは必ず営業にも役立つ。要は、きみのやる気次第だ」

社長のその言葉で、若者の不安は解消された。

「もう一つうかがってもいいですか」

「ああ、何だい？」

「どうして自分を採っていただけたんですか？」

社長は、おかしそうに若者を見て言った。

「営業で成功するには、客を説得できなければならない。その品物やサービスを買うことが、代価以上のメリットをもたらすと思わせる説得力が必要だ。そして、営業マンとしての最初の試金石は、自分を雇うことが会社に利益をもたらすと、採用する者を説得することだ。きみは、給料以上の仕事をしてくれると、われわれに思わせたということだ。せいぜい期待を裏切らないでくれよ」

「よくわかりました」と若者は深々と頭を下げた。


若者は杉村園芸に勤めることになった。

翌日から仕事が始まった。三日間だけ、サービスの内容や契約書の書き方について研修を受けると、四日目からさっそく営業に回らされた。実質的に、飛び込みの営業の仕事だった。ホテルや病院を回って、観葉植物をレンタルしませんかとセールスするのだ。

しかし、回れど回れど、大抵どの病院もホテルも決まった業者が入っていて、「間に合ってます」の一言で断られてしまう。「お安くしておきますよ」と食い込もうとするが、こちらの話を信用していないらしく、なかなか話を聞いてもらえない。二十軒ほど回って、やっと一軒のビジネスホテルで話を聞いてもらえた。

「どれくらい安くなるの？　でも、品質が下がるんじゃ、困るよ」

向こうの関心が、コストダウンにあることは明らかだった。いま入っている業者の料金を聞くと、決して高いとはいえないものだ。だが、ホテルのほうは露骨に数字で条件を出してきた。

「二割下げてくれたら、乗り換えを考えてもいいよ」

二割というのが相当厳しい数字であることは、まだ半分素人《しろうと》の若者にも想像がついた。若者の一存では、決められないことだった。

「上司に相談します」と言って、若者は会社に電話をかけさせてもらった。

「二割も下げたら、コスト割れだよ。品質がこちらのほうが上だと言って、せめて一割引でお願いしろ」

「そこを何とか、お願いできませんか」

「それが目一杯だ」

関心を共有することが、自分を仲間だと認めてもらうことにつながるというルールを頭に置いて、若者は会社ではなく、お客の側に立って話すように心がけた。

若者は客に向き直ると、顔を引き攣《つ》らせ、悲しそうに頭を下げた。

「申し訳ありません。何とかご要望に応えようと、努力したのですが、二割だと、だいぶ赤字だそうです。一割がぎりぎりのところだそうです」

ビジネスホテルの担当者は渋い顔で聞いていたが、小さく舌打ちした。

「まあ、いいでしょ。おたくの熱意を買って、切り替えてみましょう。ただし、品質が下がるようなら、すぐに元のところにもどすからね」

担当者はきつい口調で釘を刺した。

若者は、深々と頭を下げた。

初めての契約書をホルダーケースにしまうと、何度も頭を下げて退出した。若者は、いつのまにかうれしさのあまり駆けていた。とうとう契約が取れた。小躍りしたいくらいうれしかった。が、同時に、契約をもらうということが、こんなにも大変なことだと改めて思い知ったのだ。

それからも、苦戦は続いた。足を棒にして朝から晩まで歩いても、契約どころか、一軒も話を聞いてもらえないこともあった。そういうときは、事務所に帰るのが、本当に気が重かった。

とうとう契約ゼロの日が一週間続いた。若者もすっかり自信をなくした。永久にもう契約が取れないのではないのか、この仕事は向いていないのではないのかという弱気な考えに取り憑《つ》かれてしまっていた。受付に立つ前から、どうせダメだという気持ちになってしまう。声まで自信のない、迷いのある声になる。これではいけないと思って、笑みを作り、明るい張りのある声を出そうとするが、次の言葉を言う前に、パシンと断り文句が返ってきて、そんな思いも打ち砕かれる。

どうしたらいいのかわからなくなった若者は、次の休みの日、先生に会いに病院に行った。

「何じゃ、きょうは元気がないの。どうしたんじゃ」

若者は、植物にかかわる仕事がしたいと思い、その気持ちをはっきりと口にしているうちに、植物にかかわる会社に採用されたことを報告した。

「それは、よかった。ところが、何か問題があるんじゃな」

「ちっとも契約が取れないんだ。せっかく社長は、おれのことを買ってくれて、採用してくれたのに。このままでは、自分から辞めるしかないと思う」

「おぬしは、それでいいのか？」

「最初は、何とか期待に応えたいと思っていたけど、この頃は、所詮《しょせん》自分には、営業なんか向いていないような気がしてきて」

「でも、おぬしは家電の回収で、売り上げを伸ばしていたではないか。あれも、立派な営業じゃぞ」

「前の仕事は、要らなくなったものを回収していただけだから、客もあまりうるさいことは言わなかったけど。今度の仕事は、それなりの料金がかかるから、客の要求もシビアなんだ。値引きしますって、いくら食いついても、すでに他の業者が入っているところでは相手にしてもらえないし、値引きして契約を取ったら取ったで、利益が出ないって渋い顔をされるし……。どうやったら、まともな契約が取れるんだろうって思ってしまう」

先生は両手を組んだまま、しばらく考えてから言った。

「次のルールを教えるときが来たようじゃのう」

若者もそれを期待して、会いに来たのだ。

「やっぱり、おれがまだ知らない暗黙のルールがあるのか……」

先生はうなずいた。

「おぬしに教えたいルールは、**間違った相手と交渉してはいけない**、ということじゃ。間違った相手に、いくら売り込んでも、買ってはもらえない。逆に言うと、**本当に求めている者が一番高く買ってくれる**、ということになる。必要のない者や、価値のわからない者に売りつけようとしても、無駄なんじゃ」

確かに若者が売り込もうとした相手は、大抵みんな用が足りている客ばかりであった。そこに無理に売り込もうとするから、値引きをするしかない。それでは、苦労して食い込めたとしても、大した利益は出ない。

もっと切実に必要としている人を見つけることが先決なのかもしれない。

「わかった。まだどうしたらいいのかわからないけど、何か方法があるような気がする。考えてみるよ」

数日は、先生が教えてくれたルールをどう実践したらいいのかわからずに、無為に過ぎていった。その日も、頭の片隅で、どうしたらいいのか考えながら歩いていた。たまたま、若者は、改装中のテナントの前を通りかかった。若者は何気なく足を止めた。『3月1日オープン』という看板から、近々イタリアンレストランができるらしいとわかった。いまは、最後の仕上げにてんてこ舞いの様子だ。ぼんやり看板の文字を読んでいた若者の脳裏に、ある考えが閃《ひらめ》いた。

若者は、中に入っていくと、忙しく動き回っている店長をつかまえた。観葉植物の手配はお済みですかと訊ねると、ばたばたしていたので、それどころではなかったという返事が返ってきた。

「オープンのお祝いに一カ月無料にいたしますよ」と言うと、店長は目を輝かせた。最初の一カ月無料のサービスは、ごく基本的な割引なので、若者が自分で決めることができた。その日のうちに、一帯で目につくテナントビルをすべて回り、オープンを控えたテナントを見つけると、飛び込みのセールスをかけた。四軒入って、もう一軒、歯医者で契約が取れた。

翌日から、若者は沿線の駅を一つずつ、虱潰《しらみつぶ》しに回り始めた。出店情報をもっと効率よく手に入れる方法も思いついた。テナントビルを借りるふりをして不動産屋を訪ね、近々出店予定のビルの情報をそれとなく聞き出すのだ。テナントビルを扱っている不動産屋は、駅周辺のテナントの状況を詳しく把握しているのが普通なので、手っ取り早く、どこに何の店や事務所がオープンするかを知ることができた。

不動産屋で必要な情報を手に入れると、若者は即座に出店予定のオーナーに接触をはかり、レンタルプランツの営業をかけた。相手は最初は警戒するものの、話の中身を知ると、ちょうどよかったという反応を示し、一カ月無料にしますと言うと、大抵は契約してくれた。

新しい鉱脈を掘り当てたように、若者は次々に契約先を増やした。どれも新規開店の店舗や医院、事務所だ。

契約先が増えるにつれて、若者は新しい楽しみが増えるのを感じた。貸し出しているプランツの状態を見に立ち寄るという楽しみだ。若者は契約してくれた顧客をマメに回って、プランツの状態に問題がないか点検し、少しでも状態が悪かったり、周囲の雰囲気に合っていないと感じると、すぐに別の鉢に入れ換えたり、細かなメンテナンスを怠らなかった。若者にとって、そうすることは余分な手間と言うよりも、楽しみだったのだ。若者の熱心な働きぶりは、顧客から、アフターケアが行き届いていると評判で信頼を得ることになった。

三カ月もすると、若者が営業して回らなくても、若者を指名して注文の電話がかかってくるようになった。若者の働きぶりを気に入ってくれた顧客が、新しい顧客を紹介してくれるのだ。

しかも、若者の顧客は、無理な割引をしていないので、利益率がよかった。

「期待した以上の働きだな。わしの目に狂いはなかった」と、社長はご満悦だった。若者の活躍で、不景気にもかかわらず、レンタルプランツ部門は売り上げを伸ばしていた。

ただ、社内の誰もが若者の味方というわけではなかった。以前からいた営業職員や専務と呼ばれている社長の息子は、若者の評価が高まることを、あまり面白く思っていないようだった。若者は、机にすわって、営業や会計の担当者と話をするよりも、空いている時間は、いつもガーデンと呼ばれている生産部門に行って、そこで作業をしている連中と、植物のことを話すのを好んだ。

生産部門には、秋山君と呼ばれている知的障害のある男性がいたが、植物の世話にかけては、誰にも負けない熱意と技術をもっていた。若者は、秋山君と話をするのが好きだった。

仕事は順調だった。若者は、よく図書館に通って、改めて植物のことを勉強するようになった。水のやり方や施肥の方法について、秋山君と意見を交わすこともあった。秋山君は頑固なところがあり、自分のやり方を容易に変えなかった。実際、秋山君のやり方は、本に書いてあることよりも正しくて、うまくいくのだった。そのことを伝えると、秋山君はうれしそうにした。それから、徐々に秋山君は若者の意見にも耳を傾けてくれるようになった。実際に合わないことは、はっきりその方法ではうまくいかないよと言ったが、よい提案には、その方法は使えるかもしれないと言ってくれることもあった。

しばらくして、秋山君から、教えてもらったやり方でやったら、うまくいったと告げられたときには、若者は本当にうれしかった。

若者には、その頃、別の悩みが生まれていた。悩みというより、ときめきと言ってもよかった。若者は、観葉植物を納めているクリニックの受付の女性のことを好きになったのだ。若者は、仕事にかこつけて、そのクリニックに立ち寄るようになった。ちょっとでも問題を見つけると、できるだけ状態のよいものを選んで、もっていき、入れ換えた。

「本当に、いつもマメですね」

ある日、若者は女性からそう声をかけられた。若者はしどろもどろになりながら、

「いや、好きでやっているだけですから」と答え、その答えでよかったか、心配になった。だが、女性のほうは顔を輝かせ、感心したように言った。

「植物が本当にお好きなんですね」

「ええ、まあ」

と、答えるのが精一杯で、その場の緊張に耐えかねて、植木鉢を抱えたまま、逃げ出すように退散した。

そうしてしまってから、挙動不審と思われなかったか不安になったが、後の祭りだった。本当はもっと話をしたかったが、どんなふうに会話を続けていったらいいのか見当がつかなかった。

車にもどって走り出しながらも、若者はまだ動転していて、どちらに向かって走ってい

るのかわからないほどだった。しばらくして、ようやく気持ちが落ち着いてきて、二人の間に起きたことを考えてみた。

彼女はどうしてあんなふうに話しかけてきたのだろう。

植物が本当にお好きなんですねと言ったときの、彼女のうれしそうな笑顔。あの笑顔には、どういう意味があるのだろう。その日、午後一杯、仕事をしながらも、頭の片隅ではそのことを考えていた。そして若者は、一つの結論に達した。きっと彼女も、植物が好きなのだ。

若者は、先生から最初に教えてもらった暗黙のルールのことを思い出した。

人は関心を共有する者を、仲間だと認める。仲間になりたければ、関心を共有しなければならない。彼女は、おれが自分と同じ関心を持っていると思ったから、おれに親しみを感じて、話しかけてきたのではないのか。なのに、おれは満足に言葉を交わすこともなく、すごすご逃げ出してきてしまった。何という意気地なしだろう。おれは、彼女と仲良くなりたいと思っていながら、仲良くなるためにすべきことを忘れていた。

あのルールが、まだ本当には身についていなかったということになる。

けれども、若者は少し勇気を感じもした。今度会ったときは、彼女と関心を共有するように努めてみよう。もし彼女も植物が好きなのなら、植物の話をいっしょにすればいいのだ。

あまり頻繁に行くのも気が引けて、三日ほど間を空けてから、クリニックに立ち寄ってみた。だが、生憎《あいにく》その日は患者が多く、彼女はてんてこまいの忙しさで、若者のほうに小さく会釈をしてくれただけだった。自分の考えていたことが、現実離れした空想に思えて、若者は気恥ずかしいような思いで退散した。

しばらくは、立ち寄るのもためらわれ、近くまで行くものの、結局中に入らずじまいで、立ち去るということを繰り返した。だが、十日ほどたって、プランツのことも気がかりになり、勇気を奮い起こして立ち寄ってみた。

「あら、お久しぶりですね」

クリニックはちょうど手すきの時間帯らしく、懐かしい人にでも会ったように、受付の女性が出てきた。

若者は少し緊張しながら答えた。

「鉢植えの状態はいかがですか?」

「問題なしですよ。それより、あんなにしょっちゅう来てくださっていたのに、急にお顔が見えなくなったので、どうかされたのかと……」

「いえ、ちょっと仕事が立て込んでいたもので、申し訳ありません」

「ご病気にでもなられたのか、それとも、辞めてしまわれたのかと、いろいろ心配していたんですよ」

「それは、すいません。でも、ご心配なく。この仕事が好きなので、そう簡単には辞める気はありません」

「なら、よかった」と、女性はほっとしたように笑っている。胸の名札を初めて間近に見た。西村めぐみという名前が読めた。

若者は思い切って質問した。

「もしかして、西村さんも、植物がとても好きなんじゃないですか」

「えっ、どうして？」

「そんな気がしただけです」

「よくわかりますね。安藤さんほどではないですけど、私もお花や緑が大好きなんです。だから、安藤さんがもってきてくれる鉢植えを、いつも楽しみにしてるんですよ。でも、あんなに割安な料金で、次々こんなに豪華な観葉植物やお花をもってこられて、採算が合うのかと、ちょっと心配していたんです」

若者は、あなたのために採算を度外視して、一番見事なのを選んでもってきているのだと言いたかったが、さすがにそれを言うわけにはいかなかった。

「ありがとうございます。そんなに喜んでいただけたら、うれしい限りです」

それから、二人は植物の話で盛り上がった。話していたのは五分か十分だったかもしれないが、何年分もの話をしたような満たされた気分だった。

若者は天にも昇る心地がしながら、クリニックを後にした。


その日、若者が会社にもどると、上司が若者に言った。

「社長がお呼びだよ」

若者はドキッとした。何か重大なクレームでも来たのだろうか。それとも、あのクリニックに規定以上のプランツをもっていっていたことがばれたのだろうか。

おそるおそる社長室の前に立つと、扉は開いたままで、社長は電話で用談中だった。若者に気づくと、手招きした。若者は神妙な面持ちで中に入った。

社長は受話器をもどすと、単刀直入に言った。

「実は、きみに異存がなければ、来月から、正式の社員として採用したいと思ってね」

異存があるはずもなかった。若者は社長室を後にすると、思わず跳ね上がりそうになった。ついに正社員になれたのだ。

その日、総務からも呼ばれて、社員になるための手続きについて説明を受けた。必要な書類を渡されながら、若者は少し気が重くなった。その中に、身元保証人の書類が含まれていたのだ。

「きみ、ご両親は健在だよね」

しばらく会っていない両親のことを急に持ち出され、若者はうろたえた。

「ええ、まあ……」

「じゃあ、お父さんにでも頼めばいいだろう」

総務の人は、気軽にそう言ったが、若者にとっては、かなり厄介《やっかい》なことに思えた。

自分を見捨てた親たちだった。いまさら、連絡をとるのもイヤだった。正社員になったと連絡したところで、向こうの反応は見えている。どうせ疑わしげな声で、どこの会社だと訊ねてくるだろう。杉村園芸だと答えたら、どんな冷ややかな嘲《あざけ》りが返ってくることか。いい大学を出て、一流の会社に入れとばかり言っていた両親が、いまの仕事をよく思うはずがない。

あんなやつらに頭を下げて、身元保証人の判をついてもらうくらいなら、正社員になることをあきらめようかとさえ思った。しかし、いまの仕事は気に入っていた。できれば、正社員になりたかった。

結論が出ないまま、若者は近況報告も兼ね、先生に会って相談してみることにした。先生に会いにいくと思っただけで、重かった心が少し軽くなった。

初夏の日差しが照りつける坂道を病院まで歩いた。だが、照り返しのきつい坂道も苦にならなかった。若者は差し入れの品を抱えて、病院へと急いだ。

「悪いのう、気をつかわせて」

差し入れの品を見ながら、先生はうれしそうな声を上げた。

果物以外に、靴下や下着、お茶のティーバッグやふりかけも添えてあった。買い物が不自由な精神病院の暮らしを経験した者でないと、その貴重さがわからない品々である。

若者は先生が喜んでくれることがうれしかった。

「先生に教えてもらったルールのお陰で、仕事も順調なんだ。求めていない者に売り込もうと頑張るよりも、本当に求めているのは誰か、必要に迫られている相手を見つけ出す方法を考えたら、道が開けて」

「わしは何も。わしに教えられるのは、最低限の原理原則だけじゃ。それをどう応用するかを考えるのが、本当は難しいんじゃ」

若者は正社員に登用されることになったことを話した。

「そうか。よかったのう」と先生は目を細めて、自分のことのように喜んでくれた。

「ただ、一つ問題があって……」

若者は事情を説明した。

「おぬしは、そのことで親に頭を下げたくないんじゃな」

若者はうなずいた。

「おれが、死のうとして病院に担ぎ込まれても、結局、姿も現さなかった親だから。あのときは、別におれのほうから来てほしいと頼んだわけじゃないけど、でも、病院から連絡が来れば、普通はとんでくるだろう。でも、あの人たちは来なかった」

「おぬしは、心の中では、待っておったのじゃのう」

若者は口ごもった。そんなことはない、と言い返したかったが、先生にそう指摘されると、確かに待っていたのかもしれないと思った。

「あのとき、はっきりと、親に対して抱いていた最後の期待が消え去ったんだ。もうあの人たちに、何も期待してはいけないし、そうするだけ無駄なんだと、身に染みて悟ったんだ」

「そして、おぬしは、生き方を変えた。親のために、死ぬなんてことはやめにして、自分のために生きようと思った。そうじゃろ？」

確かに、あのときから自分の中で何かが変わった。それは、先生に出会ったことによると思っていたが、それだけではなかったのだろうか。

「もし親が駆けつけてきていたら、どうなっておった」

「ひどく叱《しか》られただろうな。恥さらしだとでも言われて」

「それで、おぬしは、いまのように吹っ切れておったかのう？　もし親が、やってきて、おぬしのことを責めておったら」

若者ははっとした。先生が自分に悟らせようとしたことに気づいた。あのとき死のうとしたのも、どこかに親に腹いせをしたいという気持ちがなかったとはいえない。まんまと親がやってきて、こちらを責め立てていたら、もっとひどいことをして、親を困らせることにばかり、こだわっていたかもしれない。

だが、親はもう来ないのだと思い知らされたとき、自分自身を人質にとって、自分自身を痛めつけている自らの愚かさに気づいたのだ。

「たぶん、自分は今も親にこだわって、自分をよくしようとするより、悪くしていたかもしれない」

先生はうなずいた。

「とすると、親が来なかったことは、おぬしにとって腹立たしいことではあったが、結果的によかったといえるのではないのか？」

「まったくその通りだ」

「どんなものごとにも、必ずよい面があるものじゃ」

「よいところを見つける名人になれ、だったね？」

「おぬし、ようわかっておるではないか」

「ただ、正直、まだあの親のことを考えると、平静ではいられないんだ。怒りがこみ上げてきそうになる。自分でも、まだ人間ができていないと思うけど、それが、おれの現実というか、限界なんだろうけど。どんなことがあっても、あの親に頭を下げて、また嫌みの一つでも言われると思うと、虫酸が走って……」

「まあ、よい。親から生まれた者には、みな臍《へそ》という傷跡があるように、親とのかかわりには、なにがしかの傷を抱えているものじゃ。臍がなくなってしまえば、そっちのほうが気味が悪い。それはよいとして、何か方法を考えねばな。保証協会を使うというのも手だが、四、五万の保証料を取られる。そうじゃ、わしでよかったら、わしがなってもいいがのう。おぬしの伯父ということにでもしておけば、いちいち調べたりはせんだろう。わしの勤務先は、この病院ということにしておこう。まあ、わしも少しは役に立っておるから、まったくウソではなかろう。印鑑証明だけは、おぬしにとってきてもらわねばならんが」

若者は、まったくその通りだと思った。自分は、先生に助けてもらったのだ。

思いがけなくも、先生に身元保証人になってもらうことで決着がついた。もし、それでダメになれば、それまでだとあきらめよう。本当に自分のことを買ってくれているのなら、保証人のことで、とやかくは言わないはずだ。

父親は、もう引退しているので、近くに住んでいる伯父に頼みましたと言うと、何も言われなかった。現金を扱う仕事でもないので、身元保証人は形式的なものなのだろう。

若者は、晴れて正社員になった。これまでにも増して、仕事に励んだ。営業成績もプランツの状態も良好だった。実際のところ、若者は、一人では回りきれないほどの顧客を抱えるようになっていた。それでもクリニックには、週に二回は立ち寄って、西村めぐみの手が空いているときは、言葉を交わすのが楽しみになっていた。彼女のような人が自分の恋人だったらと夢見ることはあるが、この状況から、どうもっていけばいいのか、わからないし、もし下手な真似をして嫌われたらと思うと、いまのまま、ときどき親しい口を利いているだけで満足しようと思うのだった。

若者は、植物の勉強も怠らなかった。園芸店もマメに覗くようにしていた。新しいプランツで使えそうなのがあると、秋山君に頼んで入れてもらった。プランツの種類がマンネリにならず、顧客の評判も上々だった。

その年の夏も猛暑だった。アスファルトとコンクリートで覆われた町は、ギラギラと照りつける日差しに焼かれて、熱気を放っている。まるで灼熱《しゃくねつ》地獄だ。

その暑さの中を、若者はせっせと仕事に励んだ。夏場は、エアコンが入って、かえって室内の空気が乾燥するせいで、プランツの状態の管理が難しかった。

弱ったプランツを引き上げて、どっさり生産部に持って帰ると、秋山君が渋い顔をした。

「あ〜あ、こんなになっちゃって」

そんな嘆きを聞かされると、最初はこちらに文句を言われているようで、不愉快な気がしたこともあったのだが、そのうち秋山君の嘆きの意味は、そんなことではないのだということがわかってきた。彼は、別段、こちらを責めているわけではなく、植物に純粋に同情しているだけなのだ。

「申し訳ないけど、元気にしてやってよ」と若者が言うと、秋山君は、もちろんだというようにうなずく。

実際、プランツは秋山君の手にかかると、みるみる元気を回復するのだ。若者は、社内の誰よりも、秋山君の技術を信頼していた。

だが、社員の中には、「秋山」と蔑んだように呼び捨てにして、秋山君を、いいように使っている人もいた。

暑気払いに、みんなでいっしょにビアガーデンに行ったときも、一人の社員が、ビールのお代わりの食券を買いに行くように秋山君に頼むと、ほかの社員も次々秋山君に買いに行かせたので、秋山君はずっと券売機とテーブルを往復していた。そのうえ、「秋山、釣りを間違っているじゃないか。お前、計算ができないのか」と言ったりして、ゲラゲラ笑っているのだった。

前々から、秋山君のことを顎で使っている営業部の先輩の穴井《あない》だった。

若者は、そばで聞いていて、段々腹が立ってきた。

「秋山、つくねと焼鳥も。言っておくけど、よだれ垂らすなよ」

自分で言って、自分で受けている。

若者は、とうとう我慢できなくなった。

「そんなこと言うのなら、自分で行かれたらどうですか？」

一瞬、気まずい空気が漂った。

「おまえ、いつからそんなに偉くなったんだ？　少しくらい営業成績がいいからって、図に乗るなよ」

こんな人間といっしょに仕事をしているのかと思って、若者は悲しかった。

「僕は当たり前のことを言っているだけです。秋山君に、使いっ走りをさせるのは、やめてください」

「何？　もう一回言ってみろ」

若者の胸ぐらに、穴井の手が伸びてきたとき、別の声が場を救った。

「そうよ。秋山君だって、いっしょに飲みに来てるのに、テーブルにすわってる間もないじゃない。自分のことは自分でする」

会計を預かっている女性社員だった。

「チェッ」と舌打ちすると、穴井は渋々立ち上がった。


だが、翌日から、穴井は若者を完全に無視するようになった。若者が挨拶をしても、一切挨拶を返さない。鬱陶しそうに一瞥をくれただけで、通り過ぎていく。

若者のやり方に、少しでもまずいところがあると、呼びつけられ、声高に注意された。その癖、自分は、若者がもっていく予定のプランツを勝手にもっていってしまう。お陰で、プランツの入れ換えができなくなってしまったこともあった。

営業のもう一人まで、穴井に同調して、若者に白い目を向けてくる。そんな状況が続くと、若者もさすがに会社に行くのが、憂鬱になってきた。

仕事自体は、いまでも好きだったが、他の連中と顔を合わせると考えただけで、イヤな気持ちになってくるのだ。若者は会社にできるだけいたくないので、制服に着替えを済ませると、さっさと外回りに出掛けていく。仕事に熱中しているときだけ、イヤな気分を忘れることができた。

夏の暑さも手伝って、食欲が落ち、若者は四、五キロ体重が落ちてしまった。

「ずいぶんお痩せになりましたね。大丈夫ですか?」

西村めぐみに、そう訊ねられたとき、若者は戸惑った。人からそんなふうに気遣われるということ自体に慣れていなかった。

「いや、ちょっと夏バテしちゃって」

「あまり無理しないでくださいね」

「ありがとう」

そう答えながら、若者は不覚にも涙ぐんでしまった。

西村は、驚いたように若者を見た。

「何かあったんですか?」

「いや、ごめん。そんなふうに優しい言葉をかけてもらったことがなかったものだから」

「ずいぶんお疲れじゃないですか。私でよかったら、いつでもお話うかがいますよ」

若者はうれしさよりも、もっと泣きそうになった。

「本当に大丈夫だから」と、言うのがやっとだった。

若者が無理に笑顔を作るのを、西村めぐみは心配そうに見ていた。

だが、その日、会社に帰るなり、穴井が待ちかまえていたように怒鳴りつけてきた。

「お前、薄汚い真似をしやがって。人の客を盗《と》るとは、どういうつもりなんだ？」

若者は一体何のことを言っているのか、見当がつかなかった。ただ相手の激しい剣幕に呑み込まれていた。

「言っている意味がわかりません。何のことですか？」

若者がやっとの思いで聞き返すと、穴井は火を噴いたようにいきり立った。

「しらばっくれる気か。お前が一昨日取ってきた美容サロンの契約だよ。あそこは、おれが前々から足を運んで、契約寸前まで、話を進めていたところなんだ」

そんなことは、ちっとも知らなかったし、客のほうも何も言わなかった。

「それを、お前は、後から割り込んできて、横取りしたんだろう。そんな卑劣なことが許されると思ってるのか。きょう、訪ねていったら、うちの会社と、もう契約したって言うから、誰かと思ったら、やっぱりお前だった」

「穴井さんが話を進めていたなんて、まったく知りませんでしたし、あの店は、別のお客さんが紹介してくれたので……」

「いい加減なこと言うな！　お客は、おれが来たことも、お前に伝えたそうだ。なのに、お前は、同じ会社の者だからと言って、強引に契約を取りつけたんだってな」

「そんなこと、おれはしていません」

「何だと。客がウソついているとでも言うのか？」

若者は口ごもった。客ではなく、ウソをついているのは、穴井のほうだった。

「いえ……。でも、おれは、していません」

いきなり若者は衝撃で後ろに倒れ込んだ。顎の辺りが灼《や》けるように熱かった。穴井にパンチを食らったと気がついたが、起き上がろうとすると、また足下がよろけた。

「謝れ！　人の契約を横取りしたことを謝れ！」

まったく理不尽な言いがかりと要求だった。穴井は、あの店に営業で回ったことがあるのかもしれないが、契約を取れなかったのだ。そこに、若者の仕事ぶりを気に入ってくれた、イタリアンレストランの店長の紹介があったからこそ、契約できたのだ。契約を穴井にくれてやることは、別にかまいはしないが、この自分を見込んで、紹介してくれたお客を裏切ることになってしまう。

「契約がそんなにほしければ、どうぞ。でも、穴井さんに担当が変わったと知ったら、お

客さんは契約を解除してきますよ」

「何だと、このヤロウ……！」

「こらっ、二人ともやめんか！」一喝したのは社長だった。

穴井も、矛を収めざるを得なかったが、若者と穴井との対立は、いっそう決定的になった。すべてがうまくいきかけていたのに、どうしてこんなことになってしまったのか、若者は悔しくて仕方がなかった。

次の休みの日を待ちかねて、若者は、先生に相談に行った。

「そんなに痩せて、だいぶ参っているようじゃのう」

「もう限界だよ。あの仕事は気に入っているけど、もう続けられないよ」

若者の胸の奥で、あんなやつのいる職場で働きたくないという気持ちが、抑えられない

くらい大きくなっていた。

「おぬしが、そう思うのなら、そうしたらいい。じゃがのう」

「先生の言いたいことは、わかってるよ。どんなひどいことにも、必ずよい面がある。幸

福になりたければ、よいところを見つける名人になれって言うんだろう。でも、正直、お

れには、ただひどいとしか思えないよ。弱い者イジメはする、それをやめさせようとした

ら、今度は、こっちを目の仇にして潰しにかかる。挙げ句の果ては、言いがかりをつけて、こっちが不正を働いたかのように責めてくる……。無茶苦茶としか言いようがない」

「確かにな。しかし、仮によいところが一つもないとしても、そこからでも学べることはあるはずじゃ」

若者は先生をまじまじと見た。

「この状況から学ぶっていうのか？」

「そうじゃ。いま起きていることは、おぬしを苦しめるための折檻《せっかん》ではなく、おぬしが学ぶための学校なのじゃ」

「学校ね……。まあ、そんなふうに思えたらいいけど、怒鳴りつけられると思うだけで、体がすくんでしまうんだ」

頭ではわかっていても、体が受け付けなくなっていた。

「怖いのか？」

「怖いというよりイヤなんだ。理不尽に傷つけられるのが。人格まで否定されているようで」

「辞めれば、傷つかなくて済むというわけか？」

「少なくとも、怒鳴られたりはしないよ」

「それで、おぬしの人格は肯定されたことになるのか」

若者は口ごもった。

「イヤなことから、ただ逃げているって、先生は言いたいんだろう。確かにそうかもしれないけど、実際に怒鳴られる者の気持ちなんか、わからないんだよ」

先生は悲しそうにうつむいてから、いつになく弱々しい声で言った。

「そうかもしらんな。病院に逃げこんだままのわしに、何も言う資格などない」

若者ははっとした。先生を傷つけてしまったことを後悔した。先生は、ただこのおれを応援しようとして、厳しいことを言ってくれたのに。

「ごめんよ。先生に八つ当たりなんかして。だから、そんなふうに自分のことを言うのは、よしてくれよ。おれは、先生のこと、誰よりも尊敬しているんだから。そんなふうに言われると、何だか……」

先生は顔を上げると、にっこり笑った。

「すまんすまん。つい年寄りの弱音が出てしまって。だが、わしはおぬしを信じておるんじゃ。めそめそ愚痴を言っておっても、おぬしは必ず乗り越えてくれるとな」

若者は先生の温かい両手で、肩をつかまれたような気がした。

「どうしてもイヤだというのなら、辞めて、新たなチャンスを探すのも一つの手じゃが、それは、いつでもできる最後の手段でもあろう。おぬしに、まだこの仕事への未練があるのなら、もう少しやってみる価値はないかのう」

「わかったよ、先生。もう一度、意気地なしの尻を叩いてくれよ」

「老いぼれの手でよければ、何度でもな。いまの状況を、理不尽な責め苦だと思うからいかんのじゃ。いまの状況を、自分を鍛えるための訓練だと思えばええんじゃ。お金をもらって訓練させてもらっている、ありがたいことじゃないか」

「確かに……」

「どうしたらよいか、そこから学ぶんじゃ。それには、痛みに囚われず、自分に起きていることを、空の高みから見下ろすようなつもりで、客観的に見てみることじゃ」

「目の前の状況に囚われすぎていたってことか？」

先生は若者の目を見据えてしっかりとうなずいた。

「おれだって考えたよ。でも、わからないんだ。なぜ、こんなことになったのか。一体、おれが何をしたって言うんだ」

先生は、若者が問題に向かい合うのを喜ぶように、微笑みを浮かべた。

「おぬしは、間違ったことをしたわけではない。やったことは、正しいことだ。じゃが、知らぬ間に、虎の尾っぽを踏んでしまったのじゃ」

「虎の尾っぽ？」

「おぬしに、もう一つ、大切な暗黙のルールを教えよう」

若者は一心に聞き入った。

「それは、**相手の安全を脅かすものは、激しい攻撃を受ける**、ということじゃ。**相手の縄張りの中では、相手を最大限尊重しなければならない**」

「おれが、穴井さんの安全を脅かしているって？」

若者は腑に落ちずに問い返した。

「相手からすると、自分が脅かされていると感じておるのじゃ。縄張りを荒らされたと思ったとき、人はもっとも激しい攻撃に出るものじゃ」

「このおれをライバル視しているということ？」

「そうじゃ」

「でも、おれは、まだ入社一年目の新入りだよ。向こうは、売り上げナンバーワンの営業マンなのに」

「ナンバーワンの地位が将来脅かされるのではないかと、危機感を抱いておるのじゃ」

「そんな……」

「おぬしは、社長から見込まれて、採用になった。社長は、何かとおぬしを買っておるようじゃ。相手からすれば、社長は自分よりも、おぬしを重用し、自分の地位を脅かす存在になると考えても不思議はない」

そう言われてみれば、腑に落ちることだらけだった。

「でも、だからといって弱い者をイジメてもいいというのか？　人の功績を横取りしていいというのか？」

「おぬしの言っていることは正しい。いや正しいからこそ、相手は焦っておるのじゃ。こちらが正しい主張をすることが、相手の安全を脅かすこともある。ましてや、相手に恥をかかせるようなことをしたら、逆上させてしまう」

自分は、それと知らずに、相手に恥をかかせたのか。

「でも、おれは、いまさら、あんなやつにへつらって、ぺこぺこしたり、お世辞を言うつもりはない」

「おぬしも頑固じゃからのう」と先生は、苦笑いをした。

「一面的な見方をするとき、相手が許せない悪のように思えるが、実際のところは、こちらの思い込みで、相手を傷つけているということもありがちなんじゃ。人は自分の見たい事実だけを見てしまうものじゃからな」

若者ははっとした。

おれの思い込みで、相手を傷つける……。そんなはずはないという思いと同時に、何かひっかかるものがあった。

若者は翌週出社すると、色眼鏡ではなく、できるだけ第三者的な目で、自分や社内の状況を見るように心がけた。

ガーデンのほうに行くと、穴井が秋山君に、朝から吠《ほ》えるような大声でわめき散らしていた。秋山君は小さくなって聞いている。また、秋山君に無理難題を言いつけているに違いない。

「あの馬鹿が」という声が聞き取れた。若者は、自分の悪口を言っているのだと確信した。

若者の姿が目に入ると、穴井は急にしゃべるのをやめ、不機嫌そうな顔で、こちらを睨んでから、ぷいと行ってしまった。

「秋山君、大丈夫かい?」

えっ、と秋山君は若者を振り返った。

「どうして?」

「いや、いま穴井さんが来ていたみたいだけど、また無理なことを言っていたんじゃないのか?」

意外にも、秋山君は首をふった。

「牛尾さんが、僕に任せっきりで、ろくに仕事をしていないって怒っていたんだ。でも、僕としちゃ、牛尾さんに下手に手出しされるより、自分でやれるほうがいいんだって言ったら、そりゃそうだって」

牛尾というのは、ガーデンの主任で、大して仕事ができない上に、休憩にばかり行っていた。

「じゃあ、『あの馬鹿が』とか言っていたのは……」

「牛尾さんのことだよ」

「でも、秋山君は、穴井さんから、使いっ走りをやらされたりするのは、イヤじゃないの？」

「そりゃ、少しイヤなときもあるけど、あれで結構優しいところもあって。後で気をつかってくれたりするから、僕は何とも思っていないよ」

「気をつかってくれるって？」

「ドライブに連れて行ってくれたり、おみやげに珍しい植物を買ってきてくれたり。口は悪いけど、悪い人じゃないよ」

「そうなんだ……」

若者は混乱した。当の秋山君は、穴井のことを嫌っているわけでもない。毒舌や怒鳴りつけるような言い方も、穴井一流のコミュニケーションの取り方だというのか。

その日、若者は、この間契約をもらったものの、担当を穴井に譲らされた美容サロンに、迷惑をわびるために立ち寄った。

「アモーレの店長さんにも、ほかの営業マンに来てもらっていることは話してあったんだけど、きみのほうが熱心だからって勧められて。てっきり、その間の事情は、聞いているものだとばかり」

その言葉に、若者は驚いた。穴井の言葉も、あながちウソではなかったのだ。アモーレの店長が、この自分に契約を取らせたくて、そのことを言わなかっただけなのだ。

若者は不手際をわびながら、穴井が気を悪くするのも当然だったことを、認めないわけにはいかなかった。

一晩考えて、翌日、若者は穴井に一言謝罪すべきだという結論に達した。

穴井はガーデンにいた。若者を認めると、そっぽを向くように立ち去りかけた。

「穴井さん、ちょっといいですか」

呼び止めると、穴井は険しい目つきで若者を振り返った。

「何だ?」という表情のまま、何も言わずに、じっと若者を見ている。

「この間のこと、謝りたいんです」

穴井の顔に戸惑いが広がった。

「言い訳のように聞こえるかもしれませんが」と前置きをして、若者は事情を説明した。

「おれの思い込みで、穴井さんには、ご迷惑をおかけしてしまいました。申し訳ありません」

穴井は少し黙り込んでいたが、ばつが悪そうに言った。

「いや、おれも手を出したりして、すまなかったな。事情は、わかったよ。新入りのあんたの営業成績がめざましいので、おれも、ちょっとばかり焦ってたしな」

「そんなこと……」

穴井は手を差し出した。若者は一瞬ためらったが、その手を握りしめた。

「まあ、助け合って、仲良くやろうや」

「おれのほうこそ、お願いします。また、何かしでかしたら、遠慮なく叱ってください」

「よし遠慮なくいくぞ」

「はい」

穴井を間近で見ながら、穴井には、どこか自分の父親に似ているところがあると思った。ずけずけものを言い、ほめるより貶《けな》す言い方をするところなんか、そっくりだ。穴井のことが何となく苦手で、イヤに感じられていたのは、穴井に父親を重ねていたからだろうか。

だが、それを機に、穴井との関係は、以前以上によくなった。若者は、穴井に対して、先輩としての敬意を払うことを怠らないようにしたし、穴井が休みをとったときは、穴井の契約先の管理の手伝いを申し出た。穴井も、若者の努力を認めてくれるようになった。

会社に出るのが、あんなにつらかったのがウソのように、また楽しく仕事ができるようになった。あのまま投げ出さずにいてよかったと、若者はしみじみ思うのだった。

四章　若者、新事業を提案する

「すっかりお元気になられたようで、よかったですね」

若者がクリニックのプランツを入れ換えていると、西村めぐみが受付から出てきた。

「ええ、お陰様で。でも、よくおわかりになるんですね、人の気持ちが」

「普通だと思いますけど。特に、安藤さんは、わかりやすいかもしれませんけど」

「それは、おれが単純だってことですか？」

「いえ、悪い意味じゃなくて、素朴で、純粋だってことです。違っていたら、ごめんなさい」

「まったくおっしゃる通りです。それで苦労しています」

「そんなこと……。それが魅力だと思いますよ」

若者は性格をほめられたことがなかったので、魅力と言われ、そういう見方があることに驚いた。

「そうかな」

患者が来たので、それで話は終わりになったが、若者は西村めぐみとの会話に、とても勇気づけられる思いだった。

若者は先生の教えてくれたことを思い出した。

どんなものごとにも、必ずよい面がある。よい面を見つけることが上手な者は、幸福になるが、悪い面ばかりを探してしまう者は、不幸になる。

それでいくと、西村めぐみは、相手のよいところを見つけるのがとても上手だということになる。それで、おれは幸せな気分になれたのだ。自分もそんなふうに人に接したいと思った。

若者は会社にもどると、次の顧客にもっていくプランツを取りに、ガーデンに行った。ガーデンでは、秋山君が働いていた。秋山君は、いい仕事をするのだが、ちょっと難点がある。自分がしている仕事をやり終えてからでないと、頼み事に応じてくれないのだ。その間は、どんなに急いでいても、待つほかない。急《せ》かしたりすれば、秋山君はパニックになってしまう。

若者は先ほどのことを思い出した。どうせ待つのなら、悪いことに注意を向けるよりも、よいことに注意を向けてみよう。

若者はしばらく秋山君の仕事ぶりを見てから、しみじみと言ってみた。

「秋山君は、本当にすごいな。植物の気持ちがよくわかるんだなって、いつも尊敬しているよ」

秋山君は、一瞬何事かというように若者の顔を見てから、すぐにそっぽを向いて、忙しそうに仕事を再開した。

「どうしたんです。何か特別に頼みたいことでもあるんですか？」

「いや、違うよ。ただ、そう思っただけだよ」

事務所にもどると、穴井が顧客と電話で話をしていた。傍若無人に大声を張り上げている。その声を聞いていると、何となくイライラしてくる。イヤな気分に囚われかけ、若者は先ほどのルールを思い出した。悪い面ではなく、よい面を見つける名人になる。穴井のよい面は何だろう……。

口は悪いけど、根は優しいところかな。あの大きくて耳障りな声も、何かよい面があるだろうか。そういえば、この間、若者が伝票を忘れたまま出掛けそうになっていると、事務所から大声で叫んでくれた。若者は、穴井がまた何を怒っているのだろうと、それで気づいて、車のブレーキを踏んだのだ。あの大きな声でなければ、気づかずに、そのまま出掛けてしまっていただろう。

あの声の大きさにも、よいところがあることになる。そう思うように心がけると、不思議なことに、声の大きさが前ほど気にならなくなった。

仕事に余裕が出てくると、気になり出すのは、西村めぐみのことだった。クリニックでは、ときどき言葉を交わすようになったが、それ以上の関係に進展しそうにもない。どうすればもっと親しい間柄になれるのだろうかと思うが、そんなことを望むほうがおかしいような気もする。相手は、言ってみれば、顧客、お客さまである。お客さまに言い寄って、肘鉄《ひじてつ》を食らった上に、会社にクレームが来たりすれば、せっかく得ている評価も地に墜ちてしまうだろう。そう考えると、行動は慎重にならざるを得ない。

若者は悩んだ末、次の日曜日、先生に会いに行った。先生に相談すべきことではないような気もしたが、こういう問題を相談できる相手といえば、やはり先生しかいなかった。それに、西村めぐみのことを、話したいという気持ちもあった。彼女に対する思いを誰かに打ち明けて、彼女の素晴らしさについて語ることができると思うだけで、気持ちがわくわくするのだった。とにかく、狭いアパートで一人悶々《もんもん》と過ごしてはいられなかった。

「ほう、その顔は、ひょっとして恋の悩みではないかのう？」

いきなり図星を指されて、若者は口ごもった。

「参ったな。どうしてわかるんだ？」

「恋に悩むときは、特有の顔になるものじゃ。苦しさと切なさと、憧れが入り交じったような、何とも言えぬ顔にな」

ははは、先生は笑っている。

「先生には、かなわないよ」

「でも、おぬし、この間は別の問題で悩んでいなかったかのう？　あの件はどうなったのじゃ？」

「ああ」と、若者は思い出した。この間やってきたときは、穴井との対立で悩んでいたのだ。だが、そんなことで悩んでいたのは、もう遠い昔のことのように思えた。

「あの件なら、先生が教えてくれた暗黙のルールで、うまく解決したよ」

「あのときは、会社を辞めかねないような、悲壮な顔じゃったがのう」

思い詰めた気持ちで、病院の坂道を上ってきたことを思い出した。いまのいままで、そんなことがあったことさえ忘れていた。喉元過ぎれば何とやらだ。

「そうだったね」と若者は、ばつが悪そうに笑った。

「人間の悩みなど、幻のようなものじゃ。それに囚われているときには、そのことしか頭になく、あれほど自分を苦しめていたのに、解決してしまうと、そんなことに苦しんだことさえ忘れてしまう」

「でも、悩んでいるときは、苦しくて仕方がないんだ。その問題さえ解決すればと思う」

「じゃが、ひとたび解決すると、そんな喜びは忘れて、次の悩みが現れるというわけじゃ」

「つまり、悩みなど、つまらない囚われに過ぎないってこと?」

「いや逆じゃ。人間とは、絶えず何かに囚われる存在じゃ。悩むことこそ、人生なんじゃ。だから、わしは悩んでいる人間に出会うのが好きじゃ。わしのように、真剣に悩むことがなくなってしまったら、人生はつまらなくなってしまう。悩みを悪いことと思う必要などないということじゃ。悩むということは、素晴らしいことなんじゃ。悩むから、人間は学び、絶えず新しくなる」

囚われすぎて、そこで行き詰まってしまうことは、悩みを悪いことと受けとめてしまったということなのか。かつて、この自分もそうなって死のうとしたのだ。

「悩むことを、楽しむということ?」

「そういうことじゃ。確かに悩みは苦しいが、それが生きているということの楽しさなんじゃや。そこから、やすやすと逃れてしまったら、生きることの本当の醍醐味《だいごみ》はわからない」

先生の言わんとしていることは、理屈ではわかる気がしたが、実際に、悩みを抱えて生きている者としては、少し絵空事のようにも聞こえた。

「でも、解決できないこともあるよね。答えが見つからないことも。そんなとき、どうすればいいいんだ？」

「放っておいたらどうじゃ。おぬしだって、すべての問題に答えが見つかったわけではないじゃろう？」

「ああ」と、若者は少し重い気分になって答えた。まったく手つかずのままになっている問題があった。親との関係だ。その問題にかかずらうのをやめることにしたのだ。考えるだけ、割に合わないとわかったから。あきらめがついたとでも言おうか。だが、決して解決できたわけではない。

「人間の偉大な能力の一つは、悩み事や問題があっても、放っておけるということなんじゃ。保留にしておくということも、大事なんじゃ。すぐに解決しようとしても、手も足も出ないということのほうが多いからな。まあ、何とかなることから先にやっておったら、そのうち風向きが変わるということも多いものじゃ。どうにかなりそうなときが来たら、動けばいい」

若者は自分の身に当てはめて考えてみた。確かに、親とのことは保留にしたままだ。西村めぐみのことも、保留にしたまま、うやむやのうちに終わるのか。解決しないという解決の仕方もあるとしたら、おれは、そんなことばかりしてきたような気もする。

「おれ、もう放っておくのはイヤなんだ。ずっと問題から逃げてばかりきて、自分の気持ちをうやむやにばかりしてきたけど。すぐにはどうにもならない問題もあるだろうけど、だからといって、先延ばしにばかりしているのがイヤになってきたんだ」

「ほう。おぬし、ずいぶん変わったな。その娘に本気で惚れとるというわけじゃな」

「自分でも、はっきりとはわからないけど、おれにとっては、気持ちを共有できた初めての女性なんだ。といっても、おれのひとり合点かもしれないけど。少なくとも、おれも彼女も植物が好きだという点では、似ている。つまらない共通点かもしれないけど……」

先生は首をふった。

「一事は万事に通ずるとも言う。一つの共通点をもつということは、他にもいろいろ通じるものがあるということじゃ。それに、人生をもっと共有したいという思いが、恋愛においては何より大事じゃ」

「先生。こんなことまで、先生を当てにするのはお門違いかもしれないけど、おれ、どんなふうに彼女にアプローチしたらいいのかわからないんだ。おれの片想いだった場合、おれの行動が彼女を怒らせて、クリニックの院長にでも告げ口をされたら、いろいろ面倒なことになって、いまの仕事もクビになるかもしれない。どうしたらいいんだ?」

「おぬしも心配性じゃのう。じゃが、おぬしの心配は、大事なことだとも言える。おぬしが、社会人である証拠じゃ。おぬしに一つ、新しい知恵を授けよう。人を好きになって、ことを起こすときに、忘れてはならない暗黙のルールじゃ」

若者は顔を輝かせた。

「そのルールとは？」

先生はうなずいた。

「相手に近づくときは、**逃げ道を用意しておかねばならない**。それが、太古以来のルールなのじゃ。逃げ道をふさいで近づいたりすれば、相手は怯えてしまうということじゃ。まかり間違っても、イヤがっているのに、無理強いをしたりしてはいかん。**抵抗を感じたときは、強引に進まずに、いったん立ち止まれ**、ということじゃ。ところが、自分の気持ちにばかり夢中になっていると、相手がイヤがっているのにも気がつかないことがある。そうならないように気をつけねばならん。さらに、このルールは、こうも言い換えられるじゃろう。**どんな場合にも、互いが傷つかないように行動せよ**、と。言うてみたら、どちらも喜ぶようなやり方で行動するのが、一番うまくいくということじゃ。言わんとすることは、わかったかな？」

「相手に逃げられないようにしようとばかり考えていたけど、それは逆だったってことと？」

「そんなふうに迫られたら、相手は圧迫感を感じ、息が詰まってしまう」

若者は過去の失敗の理由がわかったような気がした。

「軽くかわしたり、逃げられるっていうことが、むしろ大事なのか」

「いつでも逃げられると思えば、少しくらい気を許してもいいと、逆に思える。そこじゃな」

「あまり好意を見せすぎないほうがいいということかい?」

「そういうことにもなるな。下心が見えると、相手は警戒するものじゃ。恋愛とは、美しく、軽やかで、心がときめくような歓びであってほしいからな。エレガントでありたいものじゃ。露骨で、重い押しつけは嫌われるのじゃ。自分の気持ちが、相手の気持ちを追い越して、ひとりよがりにならないように、コントロールせねばならん」

若者はその一つひとつの言葉を頭に刻みつけながら、昔の失敗を思い出した。片想いの末、思い切って告白に及んだものの、相手は強盗にでも遭ったように形相を変え、思い出すのも忌まわしいような、手痛い肘鉄を食らったのだ。いまから思えば、あのときは、この暗黙のルールを、ことごとく踏みにじってしまっていた。

「ある意味、相手は、こうした気配りができるかどうかを見ているとも言える。暗黙のルールを無視して近づいたりすれば、それだけで無神経な人と思われて、相手は引いてしまう。どうアプローチするかで、力量を測られていると言ってもいいじゃろう」

それも、耳の痛い言葉だった。自分の思いの強さを伝えることにばかり気を奪われて、相手の気持ちにも、相手が断った場合に、どちらも気詰まりなく終われるようにも、何一つ配慮をしていなかった。社会的な未熟さを、さらけだし、相手を戸惑わせただけだ。

「でも、好意を見せすぎずに、どうやって近づいたらいいんだ？」

先生は腕組みしたまま、若者の真剣に悩む顔を面白そうに見た。

「おぬしは、彼女と初対面というわけではなかろう。何かとってつけたように、新しいことをしようとすると、不自然になってしまう。おぬしと彼女との間に起きていることを、自然に発展させればよいのじゃ」

「そうか。共通する関心を生かせばいいのか。何となくつかめてきた気がした」

「後は、おぬしが、暗黙のルールを守りながら、どう実践するかにかかっておる」

「わかった。やってみるよ」

若者に、まだ具体的なプランがあるわけではなかったが、何を守らなければならないかをはっきり知ったことは、大きなヒントになった。


その夜は、彼女にアプローチする方法を考えて、明け方まで寝付けなかった。

翌日は寝不足だったが、若者は元気だった。若者は起き出しながら、一つ伸びをした。体に若々しいエネルギーがみなぎるのを感じた。朝の空気も、ことさらに澄んで爽やかで、窓から注ぐ光も、いつもより輝きを帯びているようだった。

一晩考えたプランがうまくいくか、期待よりも不安が大きかったが、勇気を出して前に進もうと決意したことで、気持ちが高揚していた。思いを封じ込めたままあきらめようと考えかけていた自分に別れを告げ、新たな自分に生まれ変わるような気持ちさえ味わっていた。

だが、そんな高揚感の中で、若者は先生の言葉を思い出して、自戒した。

自分の気持ちが、相手の気持ちを追い越して、ひとりよがりにならないように、コントロールしないと。思い入れが強くなりすぎ、気持ちが先走らないように、相手の反応をよく見て行動しようと、自分に言いきかせた。

その日、若者は、意を決して、西村めぐみのいるクリニックに立ち寄った。患者が少ない時間帯を選んだつもりだったが、生憎、西村は受付で患者の応対をしていた。若者は、普段通りに仕事を済ませながら、西村の手が空く機会を待った。

手が空くと、西村のほうから、「こんにちは。ご苦労様です」と声をかけてきた。

若者はプランツの状態について、二、三言葉を交わした。

「全然、問題なしですよ。患者さんにも喜ばれているみたい」

「本当ですか」

西村と話していると、若者はこれから踏み出そうとしている一歩のことも忘れて、幸せな気分になった。このまま、ときどき言葉を交わせる関係でもいいのではないのか、と弱気な考えが脳裏をかすめ、若者の勇気を鈍らせそうになった。

一瞬、話が途切れ、「じゃあ、お願いします」と、西村がもどっていきかけたとき、若者は我に返り、切り出した。

「あっ、そうだ」

「えっ、何でしょう？」

振り返った西村めぐみと、若者は面と向かい合った。

「いや、大したことじゃないんですけど、西村さん、植物がお好きだから、どうかなって思って。こんなのがあるんです」

若者は恐る恐る、植物園で開催中のコスモス祭りのパンフレットを見せた。

「植物園には、行かれたこと、ありますか？」

「ええ、何度か。とても素敵なところですよね」

「そうですか。もしよかったら、お花の話をしながら、ご案内しようと思ったんですけど。でも、行ったことがあるのなら、あまり気が進まないかもしれませんね」

「いえ、そんなこと。お花について、安藤さんから、もっと教えていただけるのなら……」

「本当ですか？　じゃあ、詳しいことはメールででも。よかったら、これ、僕のアドレスなんですが」

そう言って、メールアドレスを書き込んだ名刺をいっしょに渡した。

患者が入ってきて、西村が慌ただしく受付にもどったので、若者も「失礼します」と歯切れよく言ってから、クリニックを後にした。

それから、どうやって車に乗り込んだのか、全然覚えていない。車を走らせながら、若者は、何度も「やった！」と声に出して叫んだ。

その日の夜、西村からメールが入った。

＞お誘いありがとうございます。今度の日曜日なら、一日空いています。天気予報も晴れのようですし。でも、安藤さんのご都合が悪ければ、安藤さんに合わせますよ。いろいろ教えていただけると思うと、今から楽しみです。

若者は、さっそく返信した。

＞日曜日、大丈夫です。予報通り、晴れだといいですね。僕も楽しみにしています。おやすみなさい。

若者はもう一度、「やった！」と飛び上がった。

日曜日のデート当日も、若者は早く目を覚ました。お陰で、念入りに身だしなみを整える時間があった。気分は高揚していたが、同時にプレッシャーを感じた。うまく話ができるだろうか。西村めぐみの失望を買って、嫌われることになりはしないだろうか。

だが、若者は考えを切り替えることにした。もしうまくいかなかったとしても、いままでと変わらないだけだ。一度でも、デートできただけ、よかったと思えばいいではないか。後は、今日一日をできるだけ楽しもう。そのためには、あまり恰好つけずに、ありのままの自分でいこうと思った。

最寄りの駅の改札で待ち合わせて、植物園まで歩いた。ワンピース姿の西村は、クリニックで見る落ち着いた印象とは違って、一段と美しく見えた。若者は、その魅力に気をのまれ、どぎまぎした。

「いつもと、また感じが違いますね」

「変ですか？」

「いえ、とても、何というか、素敵です」

植物園に入るまでは、会話は幾分ぎこちなく、並んで歩きながらも、どこかちぐはぐだったが、植物園の中を回り始めると、二人とも植物のほうに目を奪われて、余分な緊張を忘れた。若者は、西村めぐみが目を留めるたびに、その植物の説明をした。

西村めぐみは、感心して聞いてくれるので、うれしかった。

「でも、よくご存じですね。私も植物は大好きですけど、ただ、きれいって感心するくらいしか能がなくて。だから、安藤さんのように、すぐに木や花の名前がわかる人を、すごく尊敬しちゃいます」

「尊敬だなんて。ただ、小さい頃に、植物図鑑を買ってもらったんです。それを眺めるのが好きになって、知らない植物に出会うたびに、これは何だろうって調べているうちに面白くなって」

若者は、父親が植物図鑑を買ってくれたときのことを思い出し、少しイヤな気分になった。こんなときに、親のことなんか思い出したくなかった。でも、なぜ父は小学一年生か二年生の子どもに、植物図鑑を買い与えたのだろう。そういえば、あのとき、自分がほしがったのは、乗り物の図鑑だったような気がする。父は乗り物の図鑑は買ってくれず、植物図鑑を勝手に選んでしまったのだ。だから、買ってもらったばかりの頃は、見向きもしなかったと思う。それが、しばらくたってから、何となくページをめくっているうちに、見たことのある植物が載っているのを見つけて、名前を覚えることに興味を持つようになったのだ。

「きっと、ご両親も、植物がお好きなんですね」

そんなことは考えたこともなかったし、西村めぐみから両親の話が出ることは予想もしていなかったので、若者は少しうろたえた。

「さあ、どうだか……」

コスモスが見事に咲き誇っていた。二人は、小高い場所におかれたベンチに腰を下ろした。

「コスモスは、メキシコ原産のキク科の一年草で……」

コスモスについて説明を始めようとすると、西村めぐみが遮った。

「待って。この眺めを、ただ味わいたいの」

若者は自分の出番を拒否されたような気がして、傷ついた。自分は調子に乗って喋りすぎ、自分の説明に西村は辟易《へきえき》したのではないのか。若者は恥じ入るような気持ちで、口を閉ざした。

「ごめんなさい。気を悪くしないでくださいね。だって、言葉なしでも、とっても素晴らしいんだもの。本当にきれい」

西村めぐみは胸をそらし、体全体で、この眺めを味わっているようだ。

若者も、彼女の言っている意味がわかるような気がした。彼女は、知識よりも感性を大切にしたいのだ。

「もちろん、安藤さんの説明も、とても楽しくて、ためになるのよ。はい、お願いします」

西村めぐみは、そう促した。若者は気を取り直して、説明をした。だが、今度はあまり喋りすぎないようにした。それでも西村は、若者の説明に興味津々の様子で耳を傾けた。

西村が若者を拒否しようとしたわけではないことを知った。彼女は、いま目の前に感じているものを、大切にしたいだけなのだ。

「見て、あの葉っぱ、面白い形」「ああ、いい匂い」

西村めぐみは、感動を共有しようと声を上げた。同じ植物を見ていても、若者は、西村から別の楽しみ方があることを教えてもらった気がした。

植物園を出たところに、フレンチの店があった。若者は足を止めた。

「ここ高そうよ。無理しないほうが……」と西村が心配そうに言った。そう言われると、余計引き下がるわけにはいかなかった。

「大丈夫だよ」

と言って、若者は中に入った。だが、一番安いセットが三千五百円だった。その上は、五千円、八千円だ。若者は、さすがに焦った。財布の中には一万五千円ほどしか入っていなかった。

西村は、一番安いセットで十分だと言った。若者は、三千五百円のディナー・セットを二つと、ワインを頼んだ。

冷や汗をかいたが、料理もワインもおいしく、話も弾んだ。夢を見ているようだった。駅までの帰り道、自然に二人は腕を組んで歩いた。

それから、しばらくは、何事も順調だった。若者は手取り十八万円ほどの給与から、節約して、少しでも貯金した。夏のボーナスが一月分出たので、丸ごと貯金に回せたこともあり、これまでコツコツ貯めてきたのを加えて、口座の残高は四十万円ほどになった。

妙な噂《うわさ》を耳に挟んだのは、その月の終わり頃だった。穴井が辞めるというのだ。穴井とは対立したこともあったが、最近はいい関係になっていたので、若者は驚いた。

「本当ですか？」と若者が問い返すと、「最近、社長とうまくいっていないらしい。どっちも頑固だから」と、経理の高木さんが解説してくれた。

そういえば、少し前に、穴井が、社長と言い争うのを聞いたことがある。穴井は、いつもあの調子なので、特に気にも留めなかったが、そこまで関係が悪化していたのか。

　それから二、三日して、穴井に呼び止められた。

「聞いているかもしれないけど、おれ、今月で、ここを辞めることにしたから」

　若者はどう答えていいのか、戸惑った。

「何かあったんですか？」

「売り上げが落ちているから、給料を下げるってさ。いいときは安月給のままで働かせといて、成績が落ちてきたら辞めてくれと言わんばかりだ。こんなのやってられるか」

　若者の胸は痛んだ。自分が売り上げを伸ばしているせいで、穴井への風当たりが強まっているように思ったのだ。

「別に、安藤に文句を言おうと思ったわけじゃない。ただ、そっちも気をつけたほうがいいと言っておきたくてな。ただの負け惜しみにしか聞こえないかもしれないけど」

　月末、穴井は辞めていった。会社の主軸で活躍してきたというのに、送別会さえなかった。

　同じ日、社長室に呼ばれた。

「きみには、いっそう頑張ってほしい」

　そう言って、主任への昇進と、二万円の昇給を告げられた。

昇進と昇給は、確かにうれしかったが、手放しで喜べないものがあった。穴井が辞めていなければ、なかった昇進と昇給だった。

「昇進のお話はありがたいのですが、半月だけでも待っていただけませんか」

「どうして？」

「穴井さんが辞めた直後に、昇進するというのは、反発を買う恐れもあります」

社長は渋い顔をした。しかし、若者が二の足を踏む気持ちも理解したようだ。

「わかった。いいだろう」

若者は頭を下げて退出した。

それから、しばらくは、平穏な日々が過ぎていった。

顧客が増えてきたこともあって、新しい社員が二人入ってきた。一人は顧客回りをする営業で、もう一人は経営コンサルタントの紹介で入ってきた、新しい営業部長だった。

この営業部長が入ってきて、社内の空気は一変した。営業部長の口癖は、効率化、成長、企業戦略だった。就任早々の挨拶で、会社が成長していくため、すべての社員は会社の戦略に従ってもらう、と宣言した。何か新しいことが始まるということが感じられたが、若者としては、あまりいい感じはしなかった。

その予感は的中することになった。新しい営業部長は、次々と新しい方針を打ち出した。若者にとっても、それは他人事《ひとごと》ではなかった。ある日、営業部長は、若者を呼びつけると、きみの営業力を我が社は高く評価していると持ち上げた上で、肝心な要件を切り出してきた。獲得した顧客の管理のほうは、別の担当者に任せて、新規顧客の獲得に専念するように言ってきたのだ。

「新規開拓数に応じて、歩合給を加算しよう。契約一件につき、五千円。きみが、一月に二十件開拓すれば、今の給与より十万円増えることになる。悪い話じゃないだろう？」

確かに、それは魅力的な話だった。会社にとっては、そのほうが都合がよいこともわかった。ただ、問題は、プランツたちに会いに行けなくなることだ。

「自分としては、植物と触れられるいまのやり方のほうがいいんですが」と控えめに反論した。

「きみの気持ちはわかるが、一人一人が会社の戦略に従うことで、初めて大きな成長が成し遂げられる。どうかわかってほしい」

立て板に水でしゃべる営業部長が相手では、議論で敵《かな》うわけもなかった。若者は割り切れないものを抱えたまま、引き下がるほかなかった。

若者は、社内の体制が変わって担当者が代わることを、顧客に挨拶して回った。

新規開拓の仕事は、思ったほどうまくいかなかった。というのも、若者が新規に獲得していた客の半分以上は、顧客からの紹介だったからだ。担当者が代わって、顧客と顔を合わせる機会もなくなると、そうした電話がかかってくることも減った。

飛び込みの営業に頼らざるを得なかったが、エリアには限りがあり、その中で新規開店の店舗をねらうにしても、そう何軒もあるわけではなかった。最近は、他の営業マンも若者のやり方を真似て、同じことをやるようになっていたので、どちらが行くか、取り合いになることもあった。その場合は、営業成績のいい若者のほうが、譲ることが多かった。月に二十件どころか、四、五件がいいところだった。

これまでは、顧客によいサービスを提供することで、徐々に顧客が増えていくという好循環を生んでいたが、新しい方法では、せっかく新たな顧客を獲得しても、そのサービスを管理するのは別の担当者で、若者自身がかかわれるのは、せいぜい最初のうちだけだった。顧客との関係が、それ以上親密になることもなく、以前のように、獲得した顧客が新しい客を紹介してくれるということも稀だった。数少ない新規の客を奪い合うということに、日々追われ、慌ただしい割には、成果が蓄積されず、ただ同じことの繰り返しで、空回りしているような空《むな》しさを覚えるのだった。

思ったように成績が上がらないことで、社長の機嫌もよくなかった。若者に対する評価も、期待が大きかった分、かなりシビアなものになっていた。営業部長からは、まるで若者が手を抜いていると言わんばかりに、もっと詳細な営業日誌をつけるように命じられた。「いったい、どうしたんだ。まさか喫茶店で時間を潰してるんじゃないだろうな」とまで言われたこともあった。

社長や営業部長は、若者を新規開拓に専念させれば、これまでの何倍も、新規客の獲得が増えると当て込んでいたようだ。

若者は状況を説明しようとしたが、自分のやり方にケチをつけられたと思ったのか、営業部長は聞く耳を持たず、「言いたいことがあったら、もっと成果を上げてから言え」と突っぱねられた。

その夜、若者は、久しぶりに西村めぐみと会った。担当から外れて、西村の顔もなかなか見に行けない。

若者は、プランツのことが気がかりで、聞いてみた。

「新しい担当者は、よく来てる?」

大丈夫よ、マメに来てくれているからという返事が返ってくるものと思っていた。ところが、西村は顔を曇らせると、首をふった。

「それが、全然。電話しないと、来ないときもあるわ。安藤さんが担当だったときは、いつも瑞々《みずみず》しい状態で、待合室に映えていたのに。院長も、他に変えようかって言ってるわ」

若者は愕然とした。

「そうか……。池内君も忙しいのかな……。新しい担当者に言っておくよ。もっとマメに顔を出すように」

「でも、あの人じゃ、来てくれてもな。あまり知識もないみたいだし、もっとダメなのは、植物に対する愛情がないってことね。他での評判はどうなの？」

「さあ、何も聞いていないけど。いつも愛想がよくて、まじめそうだから、てっきりよくやってくれていると思っていたんだけど……」

「あの人がまじめそう？　そうは思えないけど。調子がいいばかりで、見るからに信用できないわ」

西村の人物評価は、意外に厳しいようだった。若者は、自分の会社のことを貶されたような気がして、少し黙り込んだ。

「ごめんなさい。安藤さんのせいじゃないのに。ところで、安藤さんが担当しているお仕事のほうは、どうなの？」

若者はありのままを話した。

西村は同情するように溜め息をついた。

「飛び込みだけじゃね。お客さんは、安藤さんの仕事ぶりと人柄を信頼して、他の人にも安心して紹介していたと思うから。いまのサービスじゃ、安藤さんがいくら足を棒にして歩き回っても、効果が広がらないかもね」

若者は、西村めぐみの眼力の鋭さに驚いたが、同時に、簡単に結論づけられることに反発も感じた。

「でも、他にどうしようもないんだ。それが会社の方針だから」

西村は、少し考えていたが、ぽつりと言った。

「もっと違う層をターゲットにしたらどうかしら。店舗や事務所は、もう飽和状態なんだと思うわ」

そんなことは言われなくてもわかっている。素人だから、そんなことを気楽に言えるのだ。若者は少しイライラした。

「気を悪くしたのなら、ごめんなさい。素人の私が余計なことを言って。でも、安藤さんの情熱や知識をもっと生かせる方法があると思うの。縁を求めている人は、他にもたくさんいるはずよ」

若者は、自分が不機嫌な顔をしたことを後悔した。西村は、若者のために、真剣に考えてアドバイスしてくれているのだ。それを、非難されたように受け取ってしまった。味方を敵だと錯覚してしまう悪い癖だ。

「おれのほうこそ、ごめん。せっかくアドバイスしてくれたのに。そうか。もっと違うターゲット層か……」

若者は、先生から最初の頃に学んだルールを思い出した。

見捨てられたものほど、認めてもらいたがっている。人が見向きもしないものにこそ、大きな価値が眠っている。

「また、思いつきで悪いけど、言っていい?」

「もちろんだ」

西村は最近あった出来事を話し始めた。

「結婚している友人が、最近、マンションを買ったのよ。それで、新居に呼ばれていったの。窓からの眺めも素晴らしいんだけど、何か足りないなって思ったの。外に緑がないのよ。せっかく広いベランダがあるのだけど、コンクリートの地肌がむき出しなだけ。我が家は、小さな家だけど、窓から庭の木が見えて、それがお家らしくて落ち着くっていうか。外に緑がないと、どんなに眺望がよくて、立派なフローリングで、素敵な家具が置いてあっても、何か物足りないのよ」

若者は、真っ青になって、西村を見た。

「こんなアイデア、現実的じゃなかったかしら」

若者は首をふった。

「逆だよ。そのアイデア、使わせてもらうよ。それでお願いなんだけど、もしよかったら、その知り合いのベランダに、ガーデンを作らせてもらえないか当たってくれないかな。もちろん費用は、無料で。できあがったら、写真を何枚か撮らせてもらうだけでいいんだ」

西村は笑顔でうなずくと、請け合った。

「たぶん、喜んで受けてくれると思うわ。その友人も、本当は庭のある家に住みたいって言ってたくらいだから」

翌日、友人も乗り気だというメールが、西村から入った。若者は、さっそく現場を見せてもらうことにした。

話は着々と進んだ。ところが、思わぬところで横やりが入った。営業部長が、そんなことに手を広げても、需要があるか疑わしいと言いだしたのだ。乗り気になっていた社長も、営業部長の話を聞いて、二の足を踏み始めた。

少し前であれば、若者に対する評価が高かったので、若者の意見が通ったかもしれない。だが、肝心の営業成績がふるわない現状で、新たな事業展開をしようという提案は、説得力の乏しい眉唾物《まゆつばもの》として受け取られてしまったようだ。

「新事業を立ち上げるには、それなりのコストがかかることになりますが、うちには、そんな余裕はない。手を広げるより、目の前の事業に経営資源と戦力を集中したほうが安全だと思います」

そんなふうに理路整然と言われてしまい、社長も、もっともだという考えに傾いてしまった。

だが、もう話は進んでいるのだ。若者としては、やすやすと引き下がるわけにはいかなかった。

「待ってください。これまでの事業所相手のレンタルプランツでは、市場は飽和状態で、大きな伸びは期待薄です。営業部長の言われるように、レンタルプランツだけにとどまっていたのでは、将来の成長は見込めないと思います。ベランダの緑化なら、まだ参入企業も少なく、これから普及すれば……」

「きみ、何を根拠にそんな予測を述べているのかね。きみの予測が外れて、損失が出たら、どうするつもりなんだ」

口調の激しさに驚いて顔を上げると、営業部長は真っ赤になっていた。若者は戸惑い、助けを求めるように社長のほうを見た。

だが、社長はそっぽを向くと、部長に同調するように言った。

「部長の言う通りだ。二兎を追うものは、一兎をも得ずと言う。新規契約が取れないからって、新規事業に走ったところで、うまくいくとは思えないね」

若者は唖然《あぜん》とし、反論する言葉も見あたらなかった。

五章 暗黙のルールを知った若者、幸せになれるのか

アイデアの素晴らしさを確信していただけに、若者の落胆は大きかった。会社の将来のために考えて、優れた提案をしたと思ったのに、こんな無惨な結果になるとは。若者は悔しかった。

せっかく西村からもらったアイデアで、特別な思い入れもあったことは確かだが、若者にも、当たるという予感があった。しかし、社長も営業部長も、このアイデアの価値をまったく理解してくれなかった。

西村に、どう話したらいいかわからず、会社が提案を却下したことも、打ち明けられずにいた。

若者は、先生に会いたくなった。会って相談したかった。そう思うと、いてもたってもいられなくなった。休みまで待ちきれず、若者は、仕事を早めに切り上げて、病院に車を飛ばした。面会時間は、夜八時までだったはずだ。

先生とは、ずいぶん長く会っていなかった。西村へのアプローチについて、相談して以来だった。日々のことに追われて、西村とのその後の成り行きも、仕事の内容が変わったことも、報告しないままに月日がたっていた。

「困ったときだけやってきて、勝手なやつだと自分でも思います」

「それでいいのじゃ。うまくいっているときは、わしのことなど忘れておけばよい。何かあったときに思い出してくれれば、それでいいんじゃ」

先生の口からそう言ってもらえて、若者は少し気が楽になった。

「で、今度は、何が問題なんじゃ？」

若者は、新しい提案を会社が却下してしまった経緯を説明した。

「おれは、会社のためを思って提案したのに、まったく耳を貸そうともしない。これは絶対いけるって、自信があったのに。営業部長も社長も、何を考えているのかわからない。本当に会社の将来を考えているのか、疑問に思えてくる」

「将来のことよりも、目の前のリスクを避けたいのじゃろう」

「でも、それじゃあ、もっと大きなリスクが迫ってくるだけなのに。そのことをいくら言っても、わかろうとしないんだ。おれの言うことになんか、耳を傾ける気がないみたいだ」

「おぬし、それが、なぜだか、わかるか？」

突然、問い返されて、若者はポカンと先生の顔を見た。

若者は口ごもったが、自分なりに考えていたことを答えた。

「おれの営業成績が以前ほどでないものだから、おれのことを信用しなくなっているんだ」

「それも、少しはあるだろう。だが、ちょっと違うな」

「えっ、それが理由じゃないの？」

若者の困惑した顔を、先生はおかしそうに見てから、うなずいた。

「おぬしの意見が採り入れられなかったのは、おぬしが、営業部長のプライドを傷つけてしまったからじゃ」

「そんな……。おれが、いつそんなことを……」

「おぬしは気づかなかったか？　もう一度、自分が口にした言葉を思い出してみるといい」

若者は、営業部長が烈火のごとく怒り出したとき、直前に言った言葉をたどってみた。

確か、こんなふうに言ったはずだ。

『店舗や事務所相手のレンタルプランツでは、市場は飽和状態で、大きな伸びは期待薄です。営業部長の言われるように、レンタルプランツだけにとどまっていたのでは、将来の成長は見込めないと思います……』

「客観的に意見を言ったつもりだけど。あの言い回しのどこが気に入らないって言うんだ。

おれにはわからないよ」

「営業部長は、その前に、なんと言ったのだったかの？」

「確か、経営環境が厳しいので、いまは手を広げるより、目の前の事業に経営資源と戦力を集中したほうが安全だ、というようなことを言ったはずだよ」

「それに対して、おぬしは、営業部長のやり方では、将来の成長が見込めないと言ったわけだな。社長の前で、おぬしにそう言われて、営業部長は、どう思ったじゃろう？」

若者も、ようやく先生の言いたいことが呑み込めた。

「そりゃあ、自分の意見を否定されたと思っただろうな。でも、個人的にどう思うかということよりも、会社の将来について客観的に考えることのほうが大事なんじゃないの？　管理職や経営者の仕事は、そこなんじゃないの？」

先生は、にっこり微笑んだ。

「まったくその通りじゃ。本来彼がすべき仕事は、個人的な感情など抜きにして、状況を客観的に判断することじゃ。だがのう、それは理想であって現実ではない。いや理想というよりも、空想に近いな。人間は、誰一人、そんなふうには動かないんじゃ。この世の中が、それに従っては動いていないルールを期待したところで、始まらないじゃろう？」

若者ははっとした。また同じ失敗を繰り返していることに気づいたのだ。人間が「正しい」行動をしないからといって、人間が「間違っている」わけではないのだ。間違っているのは、「正しい」という思い込みのほうなのだ。

「人間やこの世の中を動かしている本当のルールは、別のものということ？」

「そういうことじゃ。そこには、一つの暗黙のルールがあるのじゃ。それは、**自分を肯定されたければ、相手を肯定しなければならない**、というルールじゃ。逆に言えば、**いくら自分が正しくても、相手を怒らせ、プライドを傷つけてしまうと、主張は受け入れられない**、ということになる」

「いくら正しくても？」

「そうじゃ。この世の中を動かしているのは、正しいかどうかよりも、相手の自己愛を満たすかどうかということなのじゃ」

「自己愛を満たすかどうか……」

「自己愛とは、自分のことを重要な存在だと思いたい気持ちのことじゃ。プライドも自己愛の一つじゃ。人は自己愛を高めてくれるものを愛するが、自己愛を傷つけるものは憎み、傷つけ返そうとする」

「正しいことが、正しいこととして通用しないっていうの？」

「残念ながらのう。人間は、理屈だけで動くコンピューターではないからのう。感情をもった動物じゃ。いつか話したことがあると思うが、何百万年も、そのやり方でやってきたので、そう簡単には変わらんのじゃ。逆に言えば、正しいことが正しいのだという考えのほうが、現実を無視した思い込みだとも言える」

「この世に、絶対的に正しいことなど、ないってこと？」

「いや、そうは思わん。正しいことを信じようとするから、人は人なのじゃ。ただ、それは、多分に人間のご都合主義によるということも事実じゃ」

「口ではきれい事を言っても、やっていることは、自分が一番大事だということか」

「正しいことを頑《かたく》なに主張するのも、自分が一番正しいと言いたいのじゃ。それも、自己愛じゃな。結局、この世の中を動かしておるのは、人間の自己愛だと言ってもいい。そのルールを無視しても、しっぺ返しがくるだけじゃ」

「おれは、また暗黙のルールを踏みにじって、営業部長のプライドを傷つけてしまったのか」

「人間にとって、どんな問題よりも、自分の価値が認められるかどうかという問題のほうが重要なのじゃ。そこを見損なって、配慮を怠り、表向きの問題のほうを優先したりすれば、たちまち猛反発を食らうことになる」

「人間って、ちっぽけな生き物なんだね。そんなみみっちさが、何だかイヤに思える。でも、それが現実というわけか」

「残念ながら、われわれ人類は、まだそういう段階におるのじゃ。だが、逆に、その未熟さが、愛すべき特性だとも思えるがのう」

「愛すべき特性？」

「完璧でも、理屈通りでもないのが、人間じゃからな」

若者には、その意味がすっきりとはわからなかった。ただ、自分がいつの間にか、完璧すぎる存在を求めて、現実とすれ違っていたのだということは感じられた。そんなものは、この世の中には、存在しないものなのだ。存在しないものを求めることのほうが、空しいことかもしれない。

「自分でも、何か見えてきた気がするよ」

別れ際に、先生は、まだ何か言い残したことがあるような顔をした。

「どうかしたの？」

先生は、ためらいがちに口を開いた。

「言おうか言うまいか迷っておったのじゃが、おぬし、自分で、好きなようにやってみたらどうじゃ」

若者は思いがけない言葉に驚いた。いままでそんなことは考えたこともなかった。

「無理だよ。そんなの夢物語だよ」

「でも、人に使われている限りは、おぬしのやりたいことを、本当に実現するのは難しいぞ」

「しかし、会社を立ち上げるには、資金がいるだろう。逆立ちしてもそんな金はないよ」

「まあ、そうじゃな。だが、その気持ちをもって、常日頃から準備しておくことは大切じゃ。いつまでも会社や組織を頼りにしておったのでは、いざというときに、当てが外れてしまうぞ」

「わかった。頭の隅においておくよ」

そうは答えたものの、若者には突拍子もない考えに思えるだけだった。


帰りの道すがら、本当はどうすればよかったのかと、若者は考えた。営業部長に、まず頭を下げて支援を頼んでおけば、風当たりもまるで違ったのではないのか。上司である営業部長に対する配慮を欠いていた。おまけに営業部長に対して、新しい事業の必要性を訴えるために、そのやり方を否定するような言い方をしてしまった。自分を肯定されたければ、相手を肯定しなければならない、という暗黙のルールを、まったく無視してしまっていたのだ。

しかし、営業部長がつむじを曲げてしまったいまとなっては、態度を変えさせることは、至難の業に思えた。いまさら部長の機嫌をとったところで、部長がいったん下した決定を、そうやすやすと覆すとは思えなかった。言えば言うほど、意地になって反対し続けるだろう。社長も、立場上、営業部長に同調せざるを得ないだろう。そうなると、若者だけが孤立することになる。

何事も無理に進めようとすることは禁物だった。**抵抗を感じたときは、強引に進まずに、いったん立ち止まれ**、というルールを思い出した。若者は一つの結論を出した。自分の主張にこだわるより、相手の考えを尊重しておこう。

そのとき、ふと先生が最後に言ったことが頭をかすめたが、若者には現実味をもっては感じられなかった。独立して事業を行うことなど、この自分にできるわけがない。今は、この会社においてもらうしかないのだ。

翌朝、若者は、部長に頭を下げて、「昨日は失礼しました。よくよく考えてみると、部長のおっしゃる通り、目の前のことに集約的に取り組んだほうが賢明だと思えてきました」と報告した。

部長は、警戒するような眼差しを少し和らげ、

「わかってくれたらいいよ」と、うなずいた。

ただ、一見丸く収まったものの、これが本当の解決なのか、若者にもすっかり納得できたわけではなかった。

西村めぐみにも、計画が流れてしまったことは言えないままだった。せっかくアイデアを出し、試作第一号として友人に取り次いでくれていた。西村は、自分でもプランを練っていて、計画の実現を楽しみにしているようだった。若者は、ここは自腹を切ってでも、当初の計画通りにやってみようと思った。

生産部門の課長に相談すると、大きく育ちすぎてレンタルには使えなくなったプランツを、安く分けてもらえることになった。休みを使って工事をした。緑鮮やかな植木や観葉植物に、色とりどりの花をあしらった。ベランダは見違えるようになった。部屋からも、外の緑が映えて見えた。

五万円ほど持ち出しの費用がかかってしまったが、施主さんも大喜びで、若者も、紹介してくれた西村めぐみも満足だった。写真を撮った。元々はパンフレットに載せる施工例の紹介として使うつもりだった。今となっては、その予定もなかったが、記念に撮影した。西村も気に入ったのか、自分のケータイで写していた。

それから十日ほどたったある日、西村から電話がかかってきた。西村の声は弾んでいたが、待ち合わせの約束をしただけで、用件は言わずに切れた。

仕事が終わってから、近くのファミレスで、いっしょに遅い食事をした。

「あなたに、仕事を頼みたいっていう人がいるんだけど？」

「仕事ってレンタルプランツ？」

「違うわよ。あなたが作ったベランダのガーデンを見て、同じようなミニガーデンを作ってほしいって言ってきてるの」

「えっ、でも、どうして」

「実はね。私のブログで、ベランダ・ガーデンのことを写真入りで紹介したのよ。そしたら、それを見た人が、自分も是非頼みたいって言ってきて。K市にお住まいらしいわ。でも、K市なら一時間もあれば行けるでしょ？」

一生懸命になってくれている西村を、これ以上欺き続けることはできなかった。

「ごめん。実は、あの企画は、部長の反対で却下されたんだ」

「却下って、どういうこと？」

「うちの会社ではやらないってことさ。西村さんが一生懸命応援してくれていたので、つい言いそびれてしまって」

「そうだったの。私こそ、一人で突っ走って、ごめんなさい」

「いや、おれも、すごくいいアイデアだと思っているんだ。でも、おれの言い方がまずかったこともあって、部長の猛反発を食らっちゃって」

若者は事情を打ち明けた。

「ひどい話ね。いいアイデアを出して、逆に怒られるなんて。それじゃあ、下の者は、やる気をなくしてしまうわ」

「逆らえば逆らうほど、ひどい目に遭うだけだからね。下っ端としては、黙って従うしかないよ……」

西村は、自分のことのように悔しそうにして、しばらくうつむいていたが、何か考えついたように顔を起こした。その瞳には強い光が宿っていた。

「いっそのこと、安藤さんが個人的に作るというのはどうかしら」

「えっ」西村の突拍子もない考えに、若者は息をのんだ。

「休みの日なら、別段問題ないでしょ？」

そう言われてみれば、今回も若者が個人的に請け負ったようなものだ。

「会社にばれたら、また部長に嫌みを言われるかもしれないけど」

「ばれやしないわ。それに、休日まで、会社は縛れないはずよ」

西村は、見かけによらず大胆だった。

前回以上にプランをじっくり練り、完成予想図と見積書もつけて、お客さんに提示した。幸い、お客さんから、すぐにOKの返事が返ってきた。

休みを一日返上し、朝から工事にかかった。西村が助手を務めてくれたので、仕事はやりやすかった。一人では、難しい作業もあるのだ。日が傾き始める頃には完成した。前回以上の出来映えで、施主も大満足だった。

必要経費を差し引いても、二万円ほどの利益が出た。

「きみのお陰だよ。いろいろ手伝ってもらったし、食事でもご馳走《ちそう》させてよ」と言うと、西村は首をふった。

「そのお金は、将来のためにしっかり貯めておくべきよ。安藤さんが、自分のやりたいことをやれるように。そのときのために備えなきゃ」

若者は驚いて西村を見た。先生にも、この間、同じことを言われた。

「でも、独立なんて、そう簡単にできる話じゃないし」

「そうかしら。植物が育てられるスペースと、事務所があればいいんでしょ？　植物は、レンタル先に置かせてもらっているから、そんなに広いスペースが必要なわけじゃないし」

「確かにね。でも、温室が必要だ」

「安く作ることはできないかしら？」

若者は、昔、自宅のベランダに温室を作ったことを思い出した。あれは、中学生のときのことだったか。材木で骨組みを作り、ガラス板を使わずにビニールを張ったので、五千円もかからずに、できたはずだ。

「五、六坪の、そこそこ日当たりのいい土地さえあれば、自分で建てられると思う」

「費用は？」

「十万かからないだろうな」

「五、六坪の庭のある古家でも借りれば、そんなにお金はかからないんじゃないかしら？貯金はいくらあるの？」

と、言ってしまってから、西村も図々しく立ち入りすぎたと思ったのか、

「ごめんなさい。そんなことまで聞いて」

「いいよ。全部かき集めて、百万あるかないかってところだ」

若者は見栄を張って、少し多めに言った。

「よく貯めているじゃない。それで何とかならないか、考えてみる価値はあるわね？」

「でも、いきなりは無理だよ。商品になる観葉植物を育てるのには、それなりに時間がか

かるからね」

「時間をかければいいじゃない。実際に辞めて独立するのは、それからでも遅くないわ。少しずつ準備していけばいいのよ。きっとうまくいくわ」

西村と話をしていると、不可能と思っていたことが、単なる思い込みに過ぎないように思えてきた。

「でも、まだ自信ないよ。考えてみるけど」

西村は歯がゆそうな顔をしたが、それ以上は言わなかった。


西村と語った夢物語は、語っているうちは心地よいが、いざ現実にやってみようと思うと、その大変さと失敗したときのリスクを考えて、たちまち尻込みしてしまう。身の程をわきまえずに無謀なチャレンジなどすれば、やっとありついた正社員の職も、少しばかり貯まった貯金も、みんなパーになってしまいかねない。まじめに考えれば考えるほど、若者の気持ちはトーンダウンした。とても自分一人の力で手に負えることではない。

しかし、それから、若者の頭の片隅に、独立という考えが小さな場所を占めるようになった。いまの会社のやり方に従うしかないのだと思っていたが、それこそ思い込みに過ぎないのかもしれないと、考え始めていた。

そんなある日、久しぶりに、以前担当していた会計事務所に立ち寄る機会があった。所長は出てくるなり、渋い顔をした。

「安藤さんの頃は、よかったけど、新しい担当者に代わって、さっぱりだね。口ばっかりで、調子のいいことは言うけど、何一つ実行しない。観葉植物の状態も、ろくすっぽ見に来ないし、枯れかけているので電話して、やっと来てくれるっていう始末さ。他に変えようかと思っている」

若者は返す言葉がなかった。西村めぐみと同じことを言っている。

心配になって、懇意にしていた他の顧客も覗いてみると、どこも不満たらたらだった。中には、もう他のところに変えてしまった得意先もあった。

若者は大きなショックを受けた。苦労して開拓し、手塩にかけて育ててきた顧客との信頼関係も、仕事の品質も、すべて台無しにされていたのだ。

若者は、会社に飛んで帰って、新しく担当になった池内を怒鳴りつけてやろうと思った。だが、会社の駐車場にたどり着いたとき、若者は、以前の失敗を思い出した。穴井とのイザコザや、営業部長との衝突のことが蘇ってきた。感情のままに行動してしまっては、また同じ失敗をしてしまう。伝えるにしても、伝え方を考えなければと思った。

社にもどると、池内はもう事務所にいて、事務員を相手に油を売っていた。部長や社長には抜け目なくお世辞を使い、若者より後から入ってきたにもかかわらず、部長とは親しげな口を利いている。若者に対しては、最初の頃こそ丁寧な接し方をしてきたが、最近になって若者の営業成績が頭打ちで、社内の評価が落ち目だと見ると、ろくろく話しかけてもこなくなった。

池内は、このところ新規の契約を快調に上げていて、契約件数が若者を上回る月もあった。ただ、その営業姿勢には、首を傾《かし》げたくなることもあった。とても実行できないような空約束を連発して、契約を取って、ときどき客とトラブルになっていた。客のことも、よく馬鹿呼ばわりしたり、悪口を平気で言っていた。

植物のことなど、最初からあまり興味がないらしく、もっぱら車の話か野球の話で盛り上がっている。部長や社長の提案には、すかさず同調し、反対に回った者を容赦なく攻撃してくる。本当の意味で、問題が改善するかどうかよりも、自分が優勢な側に回るかどうかだけで、行動を判断しているようだった。いわゆる立ち回りがうまいという輩《やから》だ。

それはいいとして、仕事の中身がおろそかになることは困る。せっかく獲得し、大切に育ててきた顧客との信頼関係も、杜撰《ずさん》な管理で、ぶちこわしにされてしまう。

「池内君、ちょっといいかな」と、若者は努めて抑えめに言葉をかけた。

「はい、何か？」

言葉は丁寧だが、その態度はいかにも面倒そうだ。こちらの立場が弱くなっているのを見透かして、蔑むような視線を投げかけてくる。

用事があるから呼んでるんだろうと、怒鳴りつけたい気持ちを堪《こら》えて、池内のほうから動くのを待った。

何か感じ取ったらしく、池内は、どこか尊大だった態度を急に改めると、若者のほうにやってきた。

「何でしょうか？」と、池内は涼しい顔で聞いてきた。

「いや、藤田会計事務所に寄る機会があったんだが、所長さんから、うちのプランツのことで、ひどく叱られてね」

「えっ、プランツのことでですか？　どういうことでしょう？」

「メンテナンスのことで不満があるようだ。もちろん、池内君はちゃんとしている人だから、おれも驚いたんだが」

「自分としても心外だな。マメに寄っているつもりなんですが」

「ところが、所長さんは、大変な剣幕でね。もう契約先を変えたいとまで言うので、おれとしても、放っておけないと思ってね」

「すいません。すぐに対応させていただきます」

池内は、さすがにまずいと思ったのか、殊勝にそう返事をすると、明日にでも駆けつけるような口ぶりだった。

数日して、外回りからもどってくると、すぐ社長室に来るようにと言われた。

社長室には、営業部長と池内の姿もあった。社長は、憤慨している様子で、重苦しい空気が漂っていた。

社長は若者にソファーにすわることを勧めさえせず、いきなり怒鳴りつけてきた。

「安藤君、どういうことなんだ。藤田会計事務所が、契約の打ち切りを通告してきたぞ。向こうの所長さんは、ひどく立腹しておられる。きみ、所長さんとどういうやり取りがあったんだ？」

「どういうやり取りって、どういうことです？　この間、たまたま立ち寄ったら、所長さんが他の業者に変えたいというので、ちょっと待ってくださいとお話をおうかがいしたんです。うちのプランツの管理に不満があるらしくて、帰ってきてすぐ、担当の池内君に対応を頼んだんですが」

ぶち切れたように、社長は声を荒らげた。

「いい加減なことを言うんじゃない！　所長は、安藤君に頼んだのに、何の対応もないと息巻いておったぞ」

若者は、呆気にとられて池内を見た。

「すぐに対応するって言ってたけど、行ってなかったの？」

池内はとんでもないというように首をふると、冷ややかに言った。

「僕は何も聞いていませんよ。安藤さん、何か勘違いされていませんか」

若者は唖然とした。

「よくもそんなことが言えるね。あのとき、きみに伝えたはずだ」

「そんなこと言われても、僕も困ります」

「いい加減なことを言うんじゃないよ」

さすがに若者は冷静でいられなくなり、池内に迫ろうとすると、営業部長が割って入った。

「どっちにしろ、クレームを自分で受けたのなら、最後まで見届ける責任があるのじゃないのかね。それに、お客さんから、そういうクレームがあったのなら、部長の私にも伝えるべきだろう」

そんなことをすれば、池内の立場が悪くなると思って、穏便に本人に伝えたのに……。

「それは、そうですが……」

「もういい。どっちもどっちだ。元はと言えば、池内君が顧客の不満を汲み上げられていなかったということだ。安藤君ばかりを悪者にしても始まらない。池内君、ちゃんと顧客回りをしているのか？」

状況が少し見えてきたのか、冷静さを取りもどした社長が、矛先を変えた。

池内は、平身低頭で、言葉巧みに弁解した。

「自分としては、マメに回っているつもりですが、至らぬ点があったのだと思います。さっそく明日にでも、お詫びに行って参ります」

社長は渋い顔をしたままだった。

若者は、社長が最後に庇《かば》ってくれたことで、救われた気がしたが、それでも納得のいかないものが残った。この会社では、白と黒が簡単に入れ換わってしまう。それは、恐ろしいことに思えた。それだけは譲れないところだった。そこまでうやむやにして、相手に合わせてしまったら、いままで大切にしてきたものがすべて崩れていくような気がした。この先、我慢してこの会社にいても、本当に自分の生き方として、納得ができるのか。それでも、生活の保証のために、ここに踏みとどまるべきなのか。

自分が求めているものを、はっきりさせないと、求めているものは手に入らない、という先生の言葉を思い出した。

――自分の求めているものを、はっきりさせることが、結局、みんなの幸せにつながる。人生に遠慮など、無用なんじゃ。

遠慮して、我慢して、相手に合わせていても、報われないどころか、自分が悪者にされることさえあるのだ。

若者は、この間、帰り際に先生から言われたことを改めて考えてみた。

――おぬし、自分で、好きなようにやってみたらどうじゃ。人に使われている限りは、おぬしのやりたいことを、本当に実現するのは難しいぞ。

若者は、自分のやり方で、自分のやりたい仕事をやってみたいと思った。

翌週、西村から電話がかかってきた。また、ベランダにミニガーデンを作りたいと言ってきている人がいるとのことだ。

「この間の新しいガーデンも、ブログで紹介しているの。結構、反響があって、他にも、頼もうか考えている人がいるみたい」

現地をいっしょに見に行った帰り、西村は一枚の紙切れを若者に手渡した。

「ここ、どうかしら」

目を落とすと、不動産の物件紹介のようだった。

「古いけど、裏に結構広い庭があって、ちょうどいいかなと思って」

庭の付いた廃屋同然の民家だった。

「売りに出したんだけど、買い手がつかないので、賃貸でもいいってことになっているらしいの。家賃は、交渉したら十万以下になりそうよ。どうかしら?」

若者は黙ったまま、その物件を見ていた。

「ごめんなさい。先走ってしまったかな。でも、居ても立ってもいられなくなって、不動産屋さんを覗いてたら、こんなのがあるって教えてくれたものだから……」

「西村さん」と若者は、まじまじと西村めぐみを見た。

「えっ」

「ありがとう。できれば、おれ、挑戦してみたいと思う。でも、このおれにできるかな?」

西村めぐみは、しっかりうなずいた。

「大丈夫よ。ちゃんと計画してやれば、きっとうまくいく」

半月後、若者は、庭付きの古い民家を借りた。賃料は、八万円。部屋は全部で四室あり、一部屋を寝室にすると、残りの部屋は、すべて栽培室に回せる。ホームセンターで材木を買ってきて、庭にも、ビニールで覆った温室を作った。

ベランダのガーデンの注文が時々入ったが、その儲けは、すべて観葉植物や鉢の仕入れに回した。

仕事もこなしながら、朝早くから夜遅くまで、プランツの世話に明け暮れた。これまで秋山君に教えてもらったことが、大いに役立った。わからないことがあると、秋山君に聞いた。苗代や光熱費が思った以上に嵩《かさ》んで生活は苦しかった。だが、自分のプランツを育てているのだと思うと、それも苦にならなかった。

胡蝶蘭《こちょうらん》の花が見事に咲きそろう頃、若者は、独立のときが来たことを悟った。早すぎても、遅すぎてもいけないが、いまがちょうどそのときに思えた。

家賃と光熱費、水道代、苗代などで、給料の大部分が消えたので、貯金は、八十万円ほどに減ったままだった。どうしても必要なのは、電話と軽トラックだった。中古の軽トラを三十万で買い、一万円払って『グリーンハウス安藤』というロゴを入れてもらった。

残ったお金は、貴重な運転資金だった。資材代や鉢植え、苗代、毎月の光熱費、電話代、ガソリン代、それから自分の生活費も賄《まかな》わなければならなかった。

若者が辞めることを伝えると、社長は特に関心もない様子で、すんなり認めた。若者は顧客を直接担当することもなくなっていたので、他社に移ったとしても、顧客をもっていかれる心配は少ないとみたのだろう。

懇意にしていた顧客に挨拶して回った。いまでも若者の仕事ぶりに好意をもってくれていて、「独立しなよ。そっちに変えるから」と言ってくれる人もいた。黙っているのもウソをつくような気がして、若者が、実は独立するんですと話すと、「そりゃあ、おめでとう」と祝福してくれ、「連絡、待っているよ」と言ってくれた。

実際、スタートと同時に、最初の頃からの顧客が、十件ほど移ってきてくれた。その中には、独立することを打ち明けていなかった人も混じっていた。世話になった会社から顧客を奪うのも気が引けて、あまり大っぴらにはしていなかったのだ。

「水くさいな。遠慮せずに言ってくれたらよかったのに」と、なじるように言われて、若者は、涙が出るほど、うれしかった。

しかし、経営は苦しかった。支出は最低でも月に二十五万。だが、収入は、ミニガーデンの仕事も含めて、十五万円ほどにしかならない。毎月十万円の赤字経営の上に、生活費もかかったので、最初の月だけで二十万の支出オーバーだった。現金があと二十五万しか残っていなかった。

どこまで持ちこたえられるか、心許なかった。若者は、新規開拓に駆け回ると同時に、いま利用してくれている顧客に、精一杯よいプランツを提供するように頑張った。そのうち、以前の顧客の中に、若者が独立したという噂を聞きつけて、移ってきてくれるところがぽつぽつと出てきた。異口同音に「もっと早く知らせてくれたら、すぐにでも移ってきたのに」と言われ、うれしい反面、古巣の杉村園芸のことが気がかりでもあった。

顧客のところにプランツが出払うと、スペースが空いた。空いたスペースで、次のプランツを栽培した。一カ月目、十万あった赤字が、二カ月目に五万、三カ月目でようやく収支トントンまでこぎ着けた。それでも、まだ毎月生活費の分だけ赤字が出たが、今月もすでに十件ばかり契約をもらっているので、来月になれば、何とか山を越えられそうだった。

ところが、その月の後半辺りから、様子がおかしくなった。今月一杯で契約を打ち切りたいという電話が、頻《しき》りにかかってくるようになったのだ。何とか引き留めようとしたが、けんもほろろに取り合ってもらえなかった。若者は理由がわからずに、途方に暮れた。新たに契約したところを上回る解約が出ていた。

そんなある日、最初の頃からの得意先であるイタリアレストラン・アモーレの店長が電話をかけてきた。

「杉村園芸が、お宅を潰しにかかっているよ」と言う。話を聞くと、グリーンハウス安藤の客に、大幅な値引き攻勢をかけているのだという。

「うちにも来たよ。いまの契約の半額にするって言うんだ。うちは断ったけど。でも、中には、心が揺れる人もいるだろうな」

いまの契約の半額……。そんなことをされたら、いくらサービスで頑張ったところで、顧客は大半がそっちになびいてしまうだろう。

「わざわざ知らせていただいて、ありがとうございます」

若者は店長に礼を言って、受話器を置いた。崩れ落ちそうになるのをやっと堪え、椅子に腰を下ろした。

杉村園芸の社長や営業部長の顔を思い出した。若者が独立して、顧客が流れたことへの報復措置なのか。それにしても、こんなにも露骨な攻撃をしてくるとは……。

だが、若者は悪いことにばかり目を向けすぎてはいけないと、思い直した。

どんなことにも、よい面がある。よい面を見つける名人になれ。先生の言葉を思い出した。

この状況でよいことはないか、若者は考えてみた。意外にも、それはすぐに見つかった。

何が起きていたのかがわかっただけでも、よかったではないか。客がにわかに離れ始めたので、自分のサービスにも自信が持てなくなっていたのだ。相手の出方がわかれば、手の打ちようもある。

若者は対策を練った。結論は、料金を下げてでも、顧客をつなぎ止めたほうがよいということだった。プランツを引き取ったとしても、その維持には、同じようにコストがかかってしまう。この際、単価を下げてでもプランツを置いてもらったほうが、場所代だけでも節約できる。

解約の申し込みがあると、若者も、料金値下げで対抗した。それで、何とか顧客の流出を食い止めたが、売り上げは急降下だった。均衡していた収支は、再び大幅な赤字に転落した。

ただ、解約の申し込みが思ったほど広がらず、一部に留《とど》まったことは、ありがたかった。半分以上の顧客は、アモーレの店長同様、若者のサービスに満足してくれているということだった。

しかし、手持ちの資金はどんどん減り続けた。四カ月目に、とうとう恐れていた事態がやってきた。運転資金が底をついてきたのだ。この半月ほど、満足な食事もとらずに節約していたが、焼け石に水だった。一週間以内に、ガソリン代も払えなくなってしまう。そうなったら、車も動かせず、仕事もできない。

万事休すだった。

そんなある日、西村めぐみが、若者のグリーンハウスに立ち寄った。若者は、できるだけいつも通りに振る舞った。西村に弱音を吐きたくなかったのだ。

帰り際、西村めぐみが、封筒を差し出した。

「困っているんでしょ。これ使って」

封筒には現金が入っていた。

「ダメだよ、こんなこと」

「出世払いでいいから」

若者は、借用証書を書こうとした。

西村は首をふった。

「あなたの仕事を助けたいだけ。返してもらおうなんて思っていないわ」

若者は思わず泣きそうになった。

「これ、きっと返すよ。本当にありがとう」

西村が帰ってから、封筒を開けてみると、中には二十万円が入っていた。

若者は、その金を握りしめたまま、くじけるものかと心に誓った。

そのときが、最大の正念場だった。不思議なことに、この頃を境に、顧客からの解約の電話もやみ、逆に杉村園芸の客が流れてくるようになったのだ。妙な噂を聞いたのは、それからまもなくのことだった。杉村園芸の経営がおかしくなって、人が次々に辞めているというのだ。

若者が崖《がけ》っぷちに追い詰められていたとき、杉村園芸も追い詰められていたのだ。自分が苦しいとき、相手も苦しいのだということを、若者は学んだ。なりふり構わない攻撃は、断末魔の足掻《あが》きだったのだ。

それにしても、よくしのげたと思った。あのとき、悪いことばかりに目を奪われていたら、もうダメだとあきらめて、投げ出していただろう。

どんなことにも、よいところがある。よいところを見つける名人になれ。

よいところに目を注ぐことを実行できたから、あきらめずに踏みとどまれたのだ。

それにしても、西村が渡してくれた二十万円がなかったら、持ちこたえられなかっただろう。若者は、改めて西村に感謝した。

その月、新規の顧客は二十件に達し、初めて黒字を計上した。翌月には、手持ちの契約件数は七十件を超えた。用意してあったプランツは一気に出払い、足りない事態になった。収入は五十万を超え、資金繰りも楽になった。観葉植物や鉢の仕入れにも回せる金が増えた。

　さらにその翌月には契約件数は百件を超え、栽培と顧客回りの両方を一人でするのが、ほとんど限界になってきた。

　そんな折、若者は街角で、見覚えのある後ろ姿を見かけた。秋山君だった。車を停めて、声をかけると、秋山君の懐かしい顔が振り返った。だが、その顔に、以前の天真爛漫《らんまん》な笑顔はなかった。

　若者は杉村園芸の経営がおかしくなって、人が次々に辞めているという話を思い出した。まさか秋山君まで、という思いに駆られながら、「どうしたの？」と声をかけると、秋山君はうつむき加減になって、力のない声で答えた。

「クビになったんだ。きょうもハローワークに行った帰りさ」

　若者は愕然とした。

「安藤さんが辞めてから、うちの会社は売り上げが落ち込んで……。おれには家族もいないし、辞めてくれないかと言われたので、いいよって言ったんだ」

　仕事が好きで、あんなに熱心に取り組んでいたのに。

　若者は何とも返す言葉が見つからなかった。これも、自分が独立をしたせいなのか。

「飯でも食わないか？」

「金ないよ」と秋山君は卑屈な顔をした。

「心配いらないから」

若者は秋山君を車に乗せ、近くのファミレスに入った。今日はおごるから、好きなのを頼んでいいと言うと、秋山君の顔に少しだけ明るさがもどった。秋山君は焼き肉定食、若者は、和風ハンバーグ定食を頼んだ。

「新しい営業部長は？」

「辞めちゃったよ。結局、あの人が来て、会社がおかしくなっちゃった。それまで、うまくいっていたのに」

秋山君は悔しそうだった。

ためらいがちに若者は言ってみた。

「もしよかったら、うちに来て働かないか。ちっこい会社だけど、秋山君が来てくれると、助かるよ」

秋山君は目を輝かせた。それから、涙顔になった。

「どこも雇ってくれないので、どうしたらいいのかわからなくなって……。お金もなくなるし、頼れる人もいないし、本当言うと、死のうかと思っていたんだ」

若者はかつての自分と重ね合わせて、胸が詰まった。恐らく日々の食費にも事欠き始めているのではないのか。若者は一万円を差し出して、生活費に使ってくれと言った。

秋山君は何度も頭を下げた。その姿を見ながら、若者はもう一度複雑な気持ちになった。

「秋山君が頭を下げなくてもいいよ。助かるのは、おれのほうだから」

翌日から早速、秋山君は仕事に来てくれた。お陰で、プランツの栽培や手入れは、秋山君に任せて、若者は外回りに専念することができた。

その月、顧客は目標の百件を突破した。秋山君に給与を出し、新しい植物や資材に投資しても、毎月何十万かの粗利益を上げることができた。

十月のある日、若者は、西村めぐみと会った。食事をしてから、封筒を差し出した。

「お陰で、会社もなんとか軌道に乗ることができたよ。きみのこのお金がなかったら、間違いなく潰れていた。本当に感謝している」

「あなたなら、きっと頑張り通すと思っていた。だって、この仕事が、あんなに好きなんだもの」

「場所が手狭になってきたので、近々移転を考えているんだ。今度は、事務所も、もう少しましなところをと思っている。事務員さんもほしいし……」

西村は、はっとしたように若者を見た。

「私でよかったら、安藤さんの会社を手伝いたい。わからないことばかりだと思うけど」

若者は喜びを噛み殺して抑えて言った。

「そう言ってくれると、願ったり叶ったりだ。あの通りのオンボロ会社だから、来てほしくても、こちらからは言い出せなくて……」

移転先の選定や、事務室のレイアウトにも、西村めぐみは積極的にかかわってくれた。事務所と倉庫のついた六十坪の事業用地の出物が、月二十五万の賃料で出ていた。駅から少し遠かったが、広さから言っても、賃料から言っても、魅力的だった。

西村は、意外に交渉上手だった。賃料の件も、若者が、それくらいで仕方がないかと、手を打ちかけていると、西村は、その物件の不利な点を言い立てはじめ、「ちょっと高すぎるわ」と異を唱えた。若者が、一万円も賃料を下げてもらえたら御の字だと思って、その金額を切り出しかけると、西村は、「五万は下げてもらわないと」と言った。

「五万ですか……」と担当者は、困惑の表情を浮かべたが、結局、賃料は、当初より三万円引きの二十二万で決着した。

備品の購入も、西村は厳しい目を利かせて、安い値段で見栄えのする事務所にしていった。若者は舌を巻いた。

「きみが経営者になればいいかもしれない」と若者が半ば真顔で言うと、西村は、はっきり首をふった。

「会社のトップは、信念と情熱をもった人じゃなければダメなの。安藤さんのような。ただの節約上手や交渉上手は、本当のトップにはなれない」

西村にそう言われて、若者は、自分をそんなに買ってもらえているということがうれしくもあり、また自信にもなった。

使い勝手のいい、ちゃんとした温室を建てたかったが、それには、纏《まと》まった資金が必要だった。三軒ほど業者に見積もってもらったが、一番安いところでも、三百万という金額だった。

中小企業向けの融資を行っている、日本対策金融公庫というのがあることを調べてきたのは、西村だった。若者は、三百万の融資を申し込むことにした。すると、西村が言った。

「余裕を見て、五百万借りておいたほうがよくないかしら」

若者は金額の大きさに、怖じ気《おけ》づいた。

「でも、借りたら、利息を付けて翌月から返済しないといけないんだよ」

「確かに利息はかかるけど、後で追加融資を受けようと思っても、なかなかうまくいかないみたいよ」

確かに、西村の主張は正鵠《せいこく》を射たものだった。見積金額ぎりぎりでは、また資金繰りに四苦八苦することになる。

このところの売り上げが右肩上がりであること、前四半期の収支がかなりの黒字であることから、融資の申し込みはＯＫが出た。

立派な温室が出来上がった。広さも、これまでの五倍はある。事務室も、ついでに改装したので、きれいになった。『グリーンハウス安藤』という看板がまぶしく輝いている。秋山君も、西村めぐみも、生き生きと働いていた。その姿を見て、若者はいっそうやる気がわくのだった。

一つ波乱があった。大口の顧客だったビジネスホテルの建て替えや、飲食店の閉鎖が相次ぎ、売り上げが前月より落ち込んだのだ。もしぎりぎりで資金繰りをしていたら、またピンチを迎えていたところだ。だが、西村のアドバイスに従って余裕資金を借りていたお陰で、胃が痛むような思いをせずに済んだ。

落ち込みは、一過性のもので収まった。再び顧客が顧客を連れてくるよい循環がもどってきた。会社のホームページと担当者のブログが好評で、飛び込みの営業に頼らなくても、毎月十件を超えるペースで申し込みがあった。ベランダのミニガーデンの注文も右肩上がりに増えていた。日本対策金融公庫の返済をして、諸々《もろもろ》の経費を賄っても、十分利益が上がった。百件を超す顧客を、一人で回って管理するのは大変だったが、ちっとも苦にはならなかった。

秋山君は、不平一つ言わずに、毎日朝早くから夜遅くまで働いてくれる。西村めぐみは、いつも事務所をこぎれいにして、てきぱきとデスクワークをこなした。空いた時間があると、ホームページやブログを更新したり販路開拓の電話までかけてくれた。三人とも、てんてこ舞いの忙しさだったが、どの顔も輝いていた。

その年は、あっという間に押し詰まった。十二月には、月間の売り上げが二百万円を超える見込みとなった。二人に、初めてのボーナスを出すことができた。

クリスマス・イブの日も仕事だったが、終わってから、秋山君もいっしょに、事務所で簡単なクリスマス・パーティーをすることになった。西村が、食べ物を用意してくれた。クリスマス・ケーキやスパークリング・ワインもあった。三人で乾杯して、クリスマス・イブを祝った。

秋山君が帰った後に、二人だけが残された。

若者はしんみりと言った。

「あれは、何年前のクリスマスの頃だったかな。仕事も見つからなくて、お金もなくなって、すっかり絶望して、死のうと思ったことがあった」

「そんなの、ちっとも知らなかった。それでどうしたの？」

「公園の木にベルトで輪っかを作って、首を吊ろうとしたんだけど、バックルのところがちょうど喉仏に当たって、痛くてね。もう一回やり直そうと思ったら、ぐいぐい締まってきて、外れなくなっちゃった」

若者は笑ったが、西村は笑わずに悲痛な顔で若者を見た。

「よく助かったわね」

「通りかかった子どもが発見して、人を呼んでくれたらしい……。もう一分遅れていたら脳死になっていたそうだけど、間一髪生き返って、いまこうしているってわけさ」

「よかった……」

西村は安堵《あんど》の溜め息をついた。

若者は話を続けた。

「でも肉体は生き返ったけど、心はまだ死んだままだった。ある人に出会っていなかったら、また死んでいたかもしれない。運ばれた病院で、ある人に出会って、その人に気持ちを救われたんだ。その人のお陰で、もう一回生きてみようっていう気になったんだ。すっかり生きる自信をなくしていたおれに、その人が教えてくれたんだ。人は生き方を変えることができるって。それから、この世の中をうまく生き抜いていくには、どうしたらいいかを」

そう語りながら、若者は、しばらく会っていない先生のことを思い出していた。

「そんないい方法があるのなら、私も教えてほしいな」と、西村は興味深そうに顔を寄せた。

「それは秘密」

「もったいぶらないで、教えてよ」

「きみに教える必要はないと思う。きみは、その秘密を、もう体得しているみたいだから」

「どういうこと……。ちっともわからない」

「でも、その人が、もう一つ教えてくれたんだ。うまく生きることよりも、大切なことがあるって」

「うまく生きることよりも大切なことって、なあに？」

「自分にとって本当に大切なものを見つけるってことさ」

若者は、先生の言葉を、心の中でなぞった。

自分が求めているものを、はっきりさせないと、求めているものは手に入らない……。

西村はうなずいた。

「そうね。安藤さんは、本当に大切な仕事を見つけることができたのね」

「西村さんは？」

「私も、いまこの仕事にとてもやり甲斐を感じている」

「西村さんがいなかったら、この会社を立ち上げていなかったと思う。失敗するのが怖くて、あの会社にいまもいたと思うよ。いや、結局イヤになって辞めていただろうな。失業して、また投げやりな気持ちになっていたかもしれない」

「私だってそうよ。受付の仕事をしながら、一カ月に一度か二度は辞めたいと思うときがあった。誰かが現れて、本当にやりたいことを教えてくれないかなって、夢想していた。だから、安藤さんが、やってくるようになって、植物が好きだって聞いたとき、自分の中にあるものが目覚めたの。勝手なことだけど、この人が、私にやりたいことを教えてくれるかもしれないって、心のどこかで思っていたような気がする」

「へぇ〜、西村さんが、心の中でそんなことを考えていたなんて、ちっともわからなかったよ。西村さんは、いつも明るくて、幸せそうで、すべて満たされているのかと思っていた。人間って、案外見えないところでいっしょなんだね」

「そうよ。自分と人って、すごく違うように感じるけど、窓ガラスのこちらと向こうにいるようなもので、感じていることは、実は同じだったりするものよ」

「そうか。でも、おれが西村さんのこと、素敵な人だなって思っていたとき、西村さんは、そんなふうには思わなかっただろう?」

西村めぐみは、首をふった。

「安藤さんのこと、私も、ずっと素敵な人だと思っていた。通じる何かがある人だなって、感じていた」

若者の心を温かいものが満たした。

「本当に？　信じられないな」

「安藤さんは、すごく鈍くて、ちっとも気づかないんだもの」と、めぐみはすねたように言った。

「だって、おれみたいな者を、そんなふうに思ってくれる人がいるなんて、想像できなかったし……。でも、西村さんに出会えたことをとても感謝しているよ」

若者はとても素直な気持ちになっていた。その気持ちに寄り添うように、西村めぐみが応じた。

「私もよ」

短い沈黙が二人を隔てた。

若者は決意したように言った。

「西村さん、きみにずっとそばにいてほしいんだ。いっしょに人生を歩んでくれたら。まだまだ貧乏だけど、きっと幸せにするよ。結婚してくれないか？」

めぐみは、若者の顔をまぶしそうに見た。瞳には、涙が光っていた。

「もちろん、いいわよ。そう言ってくれるのを、待っていた……」

めぐみは、若者の胸に顔を埋《うず》めた。めぐみの胸が泣きじゃくるたびに震えるのが、若者の胸にも感じられた。若者は、めぐみを強く抱きしめながら、生きてきてよかったと思った。

めぐみと別れた帰り道、師走の夜空を見上げながら、ふと若者は、先生は、いま頃どうしているのだろうかと思った。


年明けも、初詣に出掛けたりして、慌ただしく過ぎた。正月休みも、今日で最後という一月三日、若者は、久しぶりに先生のところに出掛けようと思った。忙しさにかまけて、もう半年以上も、病院には行っていなかった。

最近では、西村めぐみが何でも相談に乗ってくれ、優れたアドバイザー役を務めてくれていたので、差し迫って相談しなければならないこともなかったのだ。

だが、めぐみとの結婚も決まり、立ち上げた事業のほうも軌道に乗ってきたいま、そのことを先生に報告して、喜んでもらいたいと思った。

年明けの精神病院は、閑散としていた。玄関には門松もなく、面会客の姿がぱらぱら見えるくらいだ。開放病棟の患者だろうか、ヒゲを伸ばした、冴えない風体の中年の男性が、外のベンチでタバコを吸っていた。

若者はいつものように階段を上がって、病棟の窓口で面会を希望した。しばらく待たされて、面会室に通されるのかと思ったとき、顔見知りの女性看護師が現れた。

「安藤さん、お元気そうで」

「先生に会いに来たんです。面会できますか？」

女性看護師の顔に戸惑いの色が浮かんだ。

「どうかしたんですか？　風邪でも引かれているんですか」

「先生なんだけど、実は、一カ月ほど前に肺炎で亡くなられたの」

若者は愕然とした。言葉もなくしている若者に、看護師は弁解するように続けた。

「悪くなられたとき、余程、連絡しようと思ったんだけど、先生が、いいとおっしゃって。いま、安藤さんは、大変なときだからって。その代わりに、そのうち面会に来たら、手紙を渡してほしいと言われて、預かっているの。万一のときを考えて、お元気なうちに書かれたものじゃないかしら」

そう言って、看護師は、若者に封筒に入った手紙を渡してくれた。

若者は呆然としたまま受け取ったが、ようやく我に返り、亡くなるときの様子を訊ねた。

「自分が苦しいときも、みんなに気をつかってね。すまないのう、とばかり言ってらしたわ」

若者は、先生が最期に過ごした部屋だけでも見せてくれないかとお願いしたが、それはできないと断られた。

「でも、ここから入口が見える、あの部屋で息を引き取られたの」と、看護師は説明してくれた。

その部屋はナースステーションにくっついた部屋で、若者はよく知っていた。若者が自殺しようとして、ここに連れられてきたとき、あの部屋で一週間ばかり、ベッドにくくりつけられて過ごしたのだった。

あの同じ部屋で、先生は亡くなったのだ。そう思うと、若者は切なくて堪《たま》らなかった。

若者は、病院の前のベンチに腰を下ろして、手紙の封を切った。さきほど、中年の男がタバコを吸っていたベンチだ。

手紙の文面に、若者は引き込まれた。先生の声が、耳元で蘇るようだった。

「この手紙が、おぬしの手元に渡る頃には、わしはもうこの世の人ではなくなっていることじゃろう。どういう死に方をするか、わしにもわからんが、そう遠いことではないと思う。

この手紙を書いておく理由の一つは、おぬしが、わしのところに最近顔を見せていないことで、自分を責めたりしてはいかんと思ったからじゃ。おぬしは、わしが寂しがっているなどと思う必要はない。おぬしの足が遠ざかったことは、とてもよいことなのじゃ。おぬしは、わしにとって、とても優秀な生徒じゃった。

こんな昔話も、一つくらいはしてもよいじゃろう。わしは、昔、教師をしておったんじゃ。ところが、ある頃から精神に変調を来《きた》して、教師としての任に堪えなくなってしまった。妻は幼い子どもをつれて、わしの元を去っていった。いや、妻のことを責める気持ちはさらさらない。妻はまだ若かったし、わしの病気に煩わされずに、自分の人生を追求する権利がある。わしはショックだったが、いまでは、それでよかったと思っている。ただ、わしの中で、ずっと心残りじゃったのは、教師として落ち零れてしまったことじゃった。

わしは、若い者や困っている者に教えるのが、どうやら生来好きな質《たち》らしい。お節介焼きなところがあるのじゃ。自分の人生もままならないのにと笑われるじゃろうが、それは反対で、自分の人生がままならないからこそ、困っている者に口出ししたくなるということもあるみたいじゃ。

おぬしに出会えたことは、わしが社会ではできなかったことを、少しだけでも果たさせてくれたというわけじゃ。学問を教えることがダメでも、もっと大事なことを教える人生の教師になりたいというわしの願いを、おぬしは存分に叶えさせてくれた。実際、おぬしは、よう成長してくれた。おぬしが困った顔をして現れるたびに、わしは、教師の昔に戻ったように意気込んだものじゃ。おぬしは、わしが教えたことの何倍も、学んでくれたのじゃと思う。

わしは、失敗した人生をいやというほど見てきた。だが、失敗にこそ、生きる上での大事なヒントがいっぱい詰まっておった。おぬしに教えたルールも、そこから学んだことじゃ。ただ、いつかも言ったように、それは、知っておるだけでは何の役にも立たん。実践して初めて、その人を変えていく力になるんじゃ。おぬしは勇気を出して、それを実行した。だから、その知恵を手に入れることができたんじゃ。これからも、そうじゃ。一度手に入れたからといって、安心してあぐらをかいてはいかんぞ。怠れば、その知恵はすぐ失われてしまう。そのことを、ゆめゆめ忘れんことじゃ。

わしが最後に心配しておったのは、おぬしがわしのことを当てにしすぎるようになりはせんかということじゃった。そうなったら、わしがおぬしに答えを出してやれなくなったとき、おぬしは自分で答えをみつけられなくなってしまう。それでは、おぬしが困るし、わしの望むところでもない。

じゃが、幸い、おぬしは、わしの言葉をヒントに自分で考える術《すべ》を身につけていった。それに、おぬしの相談相手になってくれる大切な人にも、めぐり会えたようじゃ。このところ、姿を見せないということは、彼女とも上々の首尾で、関係が進展していると思って間違いではなかろう。そう信じて、わしは天国に行くこととする。

わしが生きられなかった分まで、思う存分、人生を楽しんでほしい。もう一度言う。人生に遠慮などいらないということじゃ。おぬしは、おぬしの人生を思う存分生きてほしい。涙はいらん。笑って、たまにわしのことを、わしが教えた言葉といっしょに思い出してくれれば、それで本望じゃ。わしは、おぬしと共に生きておるということじゃ」


若者は、先生の言う通り、笑いを浮かべようとしたが、どうしてもできなかった。次々に涙が零れ落ちてきて、笑顔にならないのだった。

先生、ありがとう。先生は、本当の教師だったよ。勉強なんか教えてくれる教師よりも、もっともっと大切なことを教えてくれた、本当の教師だったよ。

若者はその言葉を心の中で、何度も繰り返した。

手紙は、もう一枚残っていた。

「最後にわしからの宿題じゃ。それは、この手紙を書いたもう一つの理由でもある。他でもない、おぬしと親とのことじゃ。すぐにでなくていい。いつか、おぬしが、まっさらな心で、おぬしの親と再会する日が来ることを祈っておる。暗黙のルールと言うこともないじゃろうが、子どもは、みんな親に認められたいんじゃ。どんなに親のことを憎んでいるようなときも、本当は親のことが好きなんじゃ。愛してほしいんじゃ。

だが、いま、そのことをおぬしに押しつけるつもりはない。おぬしの気持ちの傷が癒えるのには、もっともっと長い時間が必要なのかもしれん。けれど、おぬしも、そう遠くない日に、親になるかもしれん。そのとき、どんな思いで、わが子をその手に抱きしめるか、ようく味わってほしいのじゃ。おぬしが感じたように、おぬしの両親も、感じたはずじゃ。

おぬしの聞きたくないことを、最後に書いてしもうたの。だが、これだけは伝えておきたかったんじゃ。いつかおぬしも、わしの言わんとしている意味がわかる日が来ると、わしは信じておる。

おぬしに、最後のルールを授けよう。**真っ白な気持ちで向かい合えば、相手の気持ちも、真っ白になる**ということじゃ。おぬしなら、きっと、このことを体得してくれるじゃろう。わしもどこかで見守っておる。元気でな。別れの言葉は言わない。わしはおぬしの中で、おぬしと共に、小さな記憶となって生き続けるからの」

若者は、もう一度読み返してから、先生がなぜこの手紙を書いてくれたのかを、しみじみと理解した。先生は、自分がいなくなっても、このおれが、自分の足で歩んでいけるように、おれが先生のところから巣立っていったことに罪悪感を覚える必要などないのだということを、また、先生が、おれを見捨てて、遠いところに行ってしまったのでは決してないのだと、知らせるために、こうして手紙を遺《のこ》してくれたのだ。このおれを、いつまでも支えるために。

先生……。若者は人目も憚《はばか》らず、その場で号泣した。

先生、余計なお節介だよ、って言いたいところだけど、先生の言う通りだ。でも、どうしておれみたいな者のことを、そこまで考えてくれるんだ。先生は、もっと自分のことを心配すればよかったのに。

そう考えたとき、先生にも我が子がいたということを思い出した。先生は自分の子に、ずっと会うこともできず、この病院で一生を終えたのだ。どんなにか寂しかっただろう。

若者ははっとした。先生は、教師として、と言ったが、もしかしたら、一人の親として、もう会えない我が子に接するような気持ちでおれに接してくれていたのではないだろうか。

先生が教師として、親として伝えたかったことを、このおれに伝えてくれたのではないのだろうか。

若者は、手紙を折りたたみ、膝の上にのせると、手を合わせた。冷たい風が鳴り、冬の日が暮れようとしていた。

それから四カ月後の五月初め、若者と西村めぐみは、若者の故郷に向かう列車の中にいた。結婚する前に、両親に会って、そのことを伝えておくべきだと思うようになったのだ。だが、そうしたほうがいいと頭ではわかっていても、気持ちはなかなか素直になれなかった。

めぐみは、親と疎遠になっている事情について、何も知らなかった。だが、結婚するとなると、そのことを避けているわけにもいかなくなった。

「安藤さんのご両親って、どんな方かな。早くお会いしたいな。でも、私のこと、気に入ってくれるかな」

ある日、めぐみがそう言うのを聞いたとき、若者は、いま話すべきだと決心した。

「めぐみちゃん」と、顔も見ずに、改まった調子で呼びかけたので、めぐみは驚いたようだった。めぐみは、動きを止め、おそるおそる若者のほうを振り向いた。

「何？」

「実は、おれの親のことなんだけど」

若者は、親と疎遠になって、長い年月がたっていることを打ち明けた。

「きみには、黙っていて悪かったと思う。おれも迷っているんだ。きみを二人に会わせるべきかどうか。ああいう親だから、どういう反応をするかわからないし、きみもイヤな思いをさせられるかもしれないと思って」

めぐみは、若者の言葉を最後まで黙って聞いていた。それから、ゆっくり顔を上げた。

「私は、お会いしたい。いっしょに行きましょう」

若者は、めぐみの迷いのない言葉に、一瞬気をのまれた。

「でも、何を言われるかわからないよ。おれだけじゃなくて、きみを傷つけるようなことを平気で言ってくるかもしれないよ」

「大丈夫。たとえどんな人だとしても、あなたを生んで、育ててくれた親じゃない。きっといいところもたくさんあるわ。それに、あなたに出会えたのも、二人があなたのことを育《はぐく》んでくれたからじゃない。私、二人に感謝したいの。お会いして、その気持ちを伝えたいの」

若者は、先生に教えられたルールを思い出した。

どんなものごとにも、必ずよい面がある。よい面を見つけることが上手な者は、幸福になるが、悪い面ばかりを探してしまう者は、不幸になる。

「めぐみちゃん、きみは、よいところ探しの名人だね」

「よいところ探しの名人？　それって何？」

「いや、おれの先生が、教えてくれたことなんだ。それに比べて、おれはまだまだ悪いところ探しの癖が抜けないみたいだ」

「よくわからないけど、私だって、悪いところばかり探しそうになることがあるわ。でも、そうすると、恨みとか自己嫌悪とか嫉妬とか、イヤな感情ばかりが自分の中で膨らむだけ。そんなふうにイヤなことばかり考えて、生きたくないと思って……。ご両親にお会いするのは、私だって不安よ。でも、いい人だと思って、お会いしたら、きっと気持ちが通じると思うの。ご両親だって、本当は、ずっとあなたのことを心配しているはずよ。あなたの幸せな姿を見たいと思っているはずよ」

若者には、そう思えなかったが、めぐみの信じる気持ちに、それ以上、水を差そうとも思わなかった。先生が、授けてくれた最後のルールを思い出したのだ。

真っ白な気持ちで向かい合えば、相手の気持ちも、真っ白になる……。

めぐみは、まさにそのことを実践しようとしているのだ。この自分には、それはまだ困難な課題に思えたが、めぐみがそばにいてくれれば、少しはやれそうな気がした。

先生のくれた宿題を果たすチャンスなのかもしれないと思った。いまを逃したら、その機会は、もうないかもしれない。

「わかったよ。いっしょに帰ろう。親にきみと結婚することを報告するよ」

どんな反応をされようと、それが、生んで育ててくれた親への礼儀だとすれば。

「よかった。きっとうまくいくわよ」

「そうだね。きみがいっしょなら。二人とも、きっと驚くぞ。おれのこと、ホームレスでもしているんじゃないかって思っているに違いないから、こんな素敵な伴侶《はんりょ》を連れて帰ったら、腰を抜かすかもな」

「そんなこと……。でも、きっと安心するわ」

めぐみにそう言われて、勇気がわいてきたものの、若者の心の中では、どういう扱いを受けるのか、不安を拭いきれなかった。


列車は、一つ手前の駅を出た。

「次の駅だ。そこから、タクシーで十五分くらいかかる」

車窓には、どことなく見覚えのある風景が広がっていた。大学時代までは、この風景を眺めながら、夏休みや冬休みのたびに帰郷したものだ。最後に帰ってから、もう十年の時間がたっていた。

故郷が近づくにつれ、改めて不安になってきた。帰郷することは、手紙で知らせた。なかなか返事が来なかった。落胆しかけていると、やっと返事が来た。

「何もおかまいはできないけど、待っています」と書かれてあった。若者には、それが意外に思えた。だが、連れて帰らせておいて、もっと意地悪な仕打ちをしてくるのではないかと、疑ってしまう気持ちも消せなかった。

若者は、そんなふうに心が濁りそうになるたび、真っ白な気持ちで向かい合えば、相手の気持ちも真っ白になるという言葉を、心に言い聞かせていた。

列車は次第にスピードを落とし始めた。やがて、窓の外は、なじみのあるホームの光景に変わった。列車が停車した。二人は荷物を手にすると、出口へと向かい、ホームに降り立った。

ホームは閑散としていた。改札のほうに歩いた。切符を渡して、改札を出た。タクシー乗り場のほうに向かおうとしたとき、自分の名を呼ぶ声がした。一瞬、体が固まった。おそるおそる視線をずらすと、少し離れた位置に立っている老いた夫婦が目に入った。

気持ちの準備をする間もなかった。二人が先に来て、待っているとは思ってもみなかったのだ。顔を見合わせたまま、言葉が出なかった。十年ぶりに見る両親の姿は、小さく縮んだように見えた。母の目には、涙が浮かんでいた。

「お帰りなさい」と母が言った。

言えないと思っていた言葉が、すんなり口をついて出た。

「ただいま。心配かけたけど、どうにかやっているよ。わざわざ迎えに来てくれたんだね」

「車がボロなので、気が引けたんだけど。父さんも、家でじっとしていられなくて……」

「何、母さんこそ」

「父さんも、母さんも、ありがとう。紹介するよ」

若者は、後ろに立っているめぐみを招き寄せた。

「こちらが手紙に書いた西村めぐみさん」

めぐみは、心のこもった挨拶をした。父も母も、丁重に挨拶を返したが、その顔には、感嘆と喜びの表情が浮かんでいた。二人とも、めぐみのことを気に入ったようだ。

「さあ、車のほうにどうぞ。話は家に着いてから、ゆっくり」

父の運転する車に、四人で乗り込んだ。我が家に向かいながら、車の中は、和気藹々《わきあいあい》とした空気で満たされた。めぐみは、ずっと家族の一員だったかのように、父や母と和やかに言葉を交わした。笑いが何度もこだました。

車がスピードを落としたと思うと、車窓から、古ぼけた我が家が見えてきた。懐かしい風景を見つめながら、若者は、長かった一つの旅が、ようやく終わったように思った。

著者紹介

岡田尊司（おかだ・たかし）

1960年、香川県生まれ。精神科医、作家。東京大学文学部哲学科中退、京都大学医学部卒。同大学院にて研究に従事するとともに、京都医療少年院、京都府立洛南病院などで困難な課題を抱えた若者と向き合う。現在、岡田クリニック（大阪府枚方市）主宰。日本心理教育センター顧問。山形大学客員教授として、研究者の社会的スキルの改善やメンタルヘルスの問題にも取り組む。『パーソナリティ障害』（PHP新書）『愛着障害』『愛着障害の克服』（光文社新書）など著書多数。また小説家・小笠原慧としても活動し、『DZ』（KADOKAWA）では横溝正史ミステリ大賞を受賞。

●装画・挿絵　樋口たつ乃
●ブックデザイン　藤塚尚子（e to kumi）
●編集　日本図書センター（小菅由美子）

この世《よ》の中《なか》を動《うご》かす暗黙《あんもく》のルール
人《ひと》づきあいが苦手《にがて》な人《ひと》のための物語《ものがたり》

2020年9月15日　初版第1刷発行

著　者　岡田尊司
発行者　高野総太
発行所　株式会社日本図書センター
〒112-0012　東京都文京区大塚3-8-2
電話　営業部　03-3947-9387
出版部　03-3945-6448
http://www.nihontosho.co.jp/

印刷・製本　図書印刷 株式会社

ISBN978-4-284-20475-0 C0030

本書は2010年7月に幻冬舎より刊行された『この世の中を動かす暗黙のルール 人づきあいが苦手な人のための物語』を元に一部改訂、装丁を新たにしたものです。